中学校・音楽科

# 新学習指導要領
## ガイドブック

佐野 靖 編著

教育芸術社

# 学び手としての教師 ～編纂に当たって

　平成 28 年 12 月 21 日の中央教育審議会の答申を受けて，平成 29 年 3 月 31 日，新しい学習指導要領が公示されました。昭和 22 年（1947 年）の学習指導要領の公表から数えて，今回の平成 29 年版は第 9 次の学習指導要領ということになります。

　新しい学習指導要領は，これまで以上に，学習者である「子供の視点」に立って書かれています。「何ができるようになるか」（目標・学力），「何を学ぶか」（内容），「どのように学ぶか」（方法）という構造が明確に示されているため，たいへん分かりやすくなりました。記述の量が増えたため，指導内容が大幅に増えたかのような印象をもつ先生方がいらっしゃるかもしれませんが，その心配には及びません。新たなキーワードもいくつか現れていますが，現在の先生方の実践に照らしてみれば，まったくの新しいものではないはずです。

　ただ，あらためて用語として提示されることによって，模索や研究が盛んになります。ほぼ 10 年ごとの学習指導要領の改訂は，次の 10 年に向かって，授業実践や学校・学級の経営の在り方を徹底的にチェックし，反省的に振り返る絶好の契機となります。そして，大切なことは，新しい指導法ばかりを求めるのではなく，教師自らが子供の立場に立って，キーワードとなる学びを体験したり実感したりすることではないでしょうか。

　例えば，音楽科において「主体的・対話的で深い学び」を体験してみれば，「主体的」から「深い学び」に向けて，必ずしも順序通りに進ん

でいかない「面白さ」が音楽科の学びにはあることが分かります。様々な対話から主体性が生まれる場合もあれば，深い学びを垣間見ることで学びへの意欲が高まることもあります。そして，一口に対話と言っても，教師と子供の対話，子供同士の対話，音や音楽との対話，子供一人一人の内面との対話など様々なレベルの対話が実感できるはずです。

　また，「各教科等の特質に応じた『見方・考え方』」を手がかりに，教科の存在意義や在り方を探究することが求められますが，各教科等で，それぞれの意義を考えたり，在り方を模索したりすることはすでに行われています。これからは，それらに子供が気付き，子供なりの「見方・考え方」を育んでいくよう指導することが求められます。そのためには，やはり教師一人一人が学び手となって，それらを再確認し，実感していくプロセスが重要になると考えます。

　音楽科において，「音楽を楽しむ子供」を育て，子供が無限の可能性を自ら拓くための「呼び水」の役割を教師が果たしていくには，教師自らが音楽を楽しむ意味やそのよさを実感する必要があります。

　先生方のそうした「学び」に，本書が少しでもお役に立てれば幸いに存じます。

平成 29 年 12 月

佐野　靖

# 目次

## CHAPTER 1 今回の改訂は何がポイント？

**総論** ………………………………………………………………… **8**
- 現行の学習指導要領をベースに ……………………………………… 8
- 指導の視点から「生徒が学ぶ視点」へ ……………………………… 8
- 「資質・能力の三つの柱」に基づいて ……………………………… 9
- 各教科等の特質に応じた「見方・考え方」 ………………………… 10
- 生活や社会とのつながりを大切に …………………………………… 11

**❶ 教科の目標と「見方・考え方」について** ……………………… **12**

**❷ 「生活や社会の中の音や音楽，音楽文化と豊かに関わる資質・能力」の育成** … **16**
- (1) 「知識及び技能」の習得 …………………………………………… 16
- (2) 「思考力，判断力，表現力等」の育成 ………………………… 17
- (3) 「学びに向かう力，人間性等」の涵養 ………………………… 18

**❸ 学年の目標について** ………………………………………………… **20**

**❹ 内容の示し方の改善** ………………………………………………… **22**


## CHAPTER 2 今回の改訂で新たに加えられたことは？

**総論** ………………………………………………………………… **26**

**❶ 生活や社会の中の音や音楽，音楽文化と
豊かに関わっていくことができるよう配慮する** ……………… **28**

**❷ 和楽器の指導における「口唱歌」の取扱い** …………………… **30**

**❸ 知的財産の保護と活用に関する配慮事項** …………………… **32**


## CHAPTER 3 ここが重要！ 学習指導改善のエッセンス

**総論** ………………………………………………………………… **36**
- 「何ができるようになるか」という視点 …………………………… 36
- 「主体的・対話的で深い学び」という視点 ………………………… 36
- カリキュラム・マネジメントについて …………………………… 37

**❶ 何ができるようになるか** ………………………………………… **38**
- (1) 表現領域 …………………………………………………………… 38
- (2) 鑑賞領域 …………………………………………………………… 44

## ❷ 主体的・対話的で深い学び ……………………………………… **48**

(1)「主体的・対話的で深い学び」を実現するための視点とは ……………… 48

(2)「主体的・対話的で深い学び」の実現に向けた授業実践 ………………… 51

(3)授業実践例………………………………………………………………… 51

ワークシート(歌曲「魔王」／雅楽 平調「越天楽」)………………… 56

## ❸ カリキュラム・マネジメント ……………………………………… **58**

(1)発想の転換から…………………………………………………………… 58

(2)学校教育目標の見直し…………………………………………………… 58

(3)教科等横断的な視点での取組…………………………………………… 59

(4)常に授業改善に取り組み続ける姿勢をもって………………………… 61

(5)計画・実践・評価・改善(見直し)の地道な繰り返しを ……………… 62

(6)学校内外の教育資源の活用……………………………………………… 62

(7)学校段階間の接続について……………………………………………… 64

---

CHAPTER **4** 従来の学習指導の発展として

## 総論 …………………………………………………………………… **68**

● 教育の営みは本来不易なもの …………………………………………… 68

●「学習指導要領」の改訂とは ……………………………………………… 69

## ❶ 学習指導要領の歴史に学ぶ………………………………………… **71**

(1)産声を上げた「学習指導要領」………………………………………… 71

(2)緩やかに脱皮を繰り返す「学習指導要領」 …………………………… 72

(3)過去と未来をつなぐ「学習指導要領」………………………………… 76

## ❷ 成果の上がっているものは大切に ………………………………… **78**

●音楽科教育としての全体像を保持 ……………………………………… 78

## ❸ 〈これまで〉を〈これから〉につなぐ ……………………………… **80**

---

### 資料

中学校学習指導要領 第1章 総則 ………………………………………… 86

中学校学習指導要領 第2章 第5節 音楽 ……………………………… 100

小学校学習指導要領 第2章 第6節 音楽 ……………………………… 111

CHAPTER 1

# 今回の改訂は何がポイント？

| | | |
|---|---|---|
| | 総論 …………………………………………… | 8 |
| ❶ | 教科の目標と「見方・考え方」について ………… | 12 |
| ❷ | 「生活や社会の中の音や音楽，<br>音楽文化と豊かに関わる資質・能力」の育成 ……… | 16 |
| ❸ | 学年の目標について ………………………………… | 20 |
| ❹ | 内容の示し方の改善 ………………………………… | 22 |

CHAPTER 1

# 総論

## ● 現行の学習指導要領をベースに

　平成 29 年 3 月 31 日に公示された新学習指導要領は，中学校では，平成 30 年度より移行措置を実施し，2021 年度より完全実施となります。移行期にあっては，ともすると，改訂のポイントや新たに登場してきた文言にだけ意識が向けられたり，新たな指導法を探究することのみに力が注がれたりします。もちろん，そうしたことも重要ですが，あくまで新学習指導要領のベースになっているのは，現行の学習指導要領です。学習指導要領は，歴史的に見ても，常に「不易」と「流行」を十分に見極めつつ改訂されてきています。新学習指導要領においても変わらず大切にしていくものは何か，新しく変える必要があるものは何かを，しっかりと押さえる必要があります。とともに，自分自身の授業を今一度反省的に振り返り，何を新しくし，どこを変えていくのか，どこはこれまでどおり継続していくのかなどを，的確に見極める必要があります。

　以下では，これまでの学校教育，現行の学習指導要領で大切にされてきた方向性や内容は継続されるという点を踏まえ，今回の改訂で重要と思われるポイントを四つ取り上げることにします。

## ● 指導の視点から「生徒が学ぶ視点」へ

　新学習指導要領では，学習者である生徒の視点に立った記述が徹底さ

れています。いうまでもなく，授業実践においては，生徒の視点に立つ指導は，基本中の基本です。しかしながら，今回の改訂で，「何ができるようになるか」「何を学ぶか」「どのように学ぶか」という生徒の学びの視点に立った記述，言い換えれば，生徒を主語にした記述が徹底されたことによって，指導する教師の意識や授業実践の在り方がこれまで以上に大きく変わることが期待されます。

　ただし，これは決して生徒に迎合することを意味するのではありません。指導の方針を明確にし，教えることはしっかりと教え，学びを見守るときはじっくりと生徒から出てくるものを待つなど，生徒の学びを確実にするための臨機応変な指導の工夫を意味しています。さらに，生徒とともに教師も学び合うという姿勢が求められていると思います。

## ●「資質・能力の三つの柱」に基づいて

　平成 28 年 12 月 21 日，中央教育審議会から示された「幼稚園，小学校，中学校，高等学校及び特別支援学校の学習指導要領等の改善及び必要な方策等について（答申）」（以下「答申」という）では，学習指導要領や教育課程に期待される役割が明確に述べられています。

　すなわち，学習指導要領には，生涯にわたる学習とのつながりを見通しながら，学校教育において子供たちが身に付ける資質・能力や学ぶ内容など，その全体像を分かりやすく見渡せるように，**「学びの地図」**（答申，p.1）としての役割が期待されています。また，学校教育の中核となる教育課程には，社会の変化を柔軟に受け止めていく**「社会に開かれた教育課程」**（答申，p.19）としての役割が期待されています。

　その上で答申では，子供たちに新しい時代を切り拓いていくために必要な資質・能力を育むために，学習指導要領等の改善の方向性として，次の 3 点にわたる改善・充実が必要であると述べられています。

(1) 学習指導要領等の枠組みの見直し

(2) 教育課程を軸に学校教育の改善・充実の好循環を生み出す「カリキュ

ラム・マネジメント」の実現

(3)「主体的・対話的で深い学び」の実現

　こうした改善の方向において，教育課程全体を通して育成を目指す資質・能力が，**「知識及び技能」**，**「思考力，判断力，表現力等」**，**「学びに向かう力，人間性等」**という三つの柱によって整理されました。

　新学習指導要領では，この三つの柱に基づいて枠組みが見直され，各教科等の目標や内容について再整理が図られました。指導事項が資質・能力別に細分化されて示された結果，記述の分量は確かに増えましたが，指導内容が大幅に増えたという指摘は当たらないと考えます。

　しかも，資質・能力の三つの柱は，個別的に育成されるものではなく，相互に関係し合いながら育成されるべきものです。この三つの柱を結び付け，一体化したものとして調和的に育んでいくために重要な鍵となるのが，次の「見方・考え方」ではないでしょうか。


## ● 各教科等の特質に応じた「見方・考え方」

　今回の改訂では，各教科等をなぜ学ぶのか，それを通じてどのような力が身に付くのかという，**教科等を学ぶ意義を明確にすること**が求められています。その中核をなすのが，**「見方・考え方」**です。

　この「見方・考え方」は，四つめの資質・能力ではありません。答申では，「思考や探究に必要な道具や手段として資質・能力の三つの柱が活用・発揮され，その過程で鍛えられていくのが『見方・考え方』である」（答申，p.34）と示されています。「見方・考え方」は，教科等の本質に根ざした学びにつながるものであり，生涯にわたって生きて働く力となるものです。

　資質・能力の三つの柱に支えられて「見方・考え方」が育まれ，「見方・考え方」を働かせた学びによって各領域・分野の学習が深まり，資質・能力がより一層伸びていくことが期待されています。その重要な手立てとなるのが，**「主体的・対話的で深い学び」**であり，そうした学びの実

現に向けては，**各教科等の特質に応じた言語活動**の充実が不可欠です。

このように，「見方・考え方」をどのように育み，働かせていくのかが，これからの学校教育の重要な鍵であり，更に「見方・考え方」は，教育の質の改善・向上を支える役割を担うものとして，授業改善の重要な視点となっています。


## ● 生活や社会とのつながりを大切に

**生活や社会とのつながり**が強調されている点も，今回の改訂の大きな特徴です。これは「社会に開かれた教育課程」という位置付けからも明らかですし，学校教育を超えて生涯にわたって生きて働く力となる「見方・考え方」の育成とも密接に結び付いています。

音楽科においても，「**生活や社会の中の音や音楽，音楽文化と豊かに関わる資質・能力**」の育成が目標として目指されることになりました。これによって，従前の〔共通事項〕を支えとして音や音楽を音響として捉える学習に加え，人間にとって意味のあるものとして音や音楽を捉える視点が強調されています。我が国や郷土の伝統音楽の学習を一層充実させる方向も，生活や社会とのつながりに深く関わっています。

今回の改訂の重要な方向性である「カリキュラム・マネジメント」の実現に向けて，生活や社会とのつながりは欠くことのできない視点となっています。社会に開かれた教育課程の中で生徒が様々な経験をし，そうした経験を通して教科等で身に付けた資質・能力が更新されていくようにするには，何よりも教師自身が音楽科の存在意義を理解し，生活や社会とのつながりの重要性を自覚する必要があると考えます。

## ① 教科の目標と 「見方・考え方」について

　新学習指導要領において，中学校音楽科の目標は，「知識及び技能」，「思考力，判断力，表現力等」，「学びに向かう力，人間性等」という育成すべき資質・能力の三つの柱に沿って整理され，下記のように改訂されました。

---

　表現及び鑑賞の幅広い活動を通して，音楽的な見方・考え方を働かせ，生活や社会の中の音や音楽，音楽文化と豊かに関わる資質・能力を次のとおり育成することを目指す。
　　(1) 曲想と音楽の構造や背景などとの関わり及び音楽の多様性について理解するとともに，創意工夫を生かした音楽表現をするために必要な技能を身に付けるようにする。
　　(2) 音楽表現を創意工夫することや，音楽のよさや美しさを味わって聴くことができるようにする。
　　(3) 音楽活動の楽しさを体験することを通して，音楽を愛好する心情を育むとともに，音楽に対する感性を豊かにし，音楽に親しんでいく態度を養い，豊かな情操を培う。

---

　まず，目標のリード文において，中学校音楽科で育成を目指す資質・能力が，「生活や社会の中の音や音楽，音楽文化と豊かに関わる資質・能力」であることが明示されました。そうした資質・能力の育成を目指

すために，(1)「知識及び技能」の習得に関する目標，(2)「思考力，判断力，表現力等」の育成に関する目標，(3)「学びに向かう力，人間性等」の涵養に関する目標，という三つの柱に沿った目標が示されました。

　このように，「生活や社会の中の音や音楽，音楽文化と豊かに関わる資質・能力」がこれまで以上に大切にされていることが，今回の改訂の大きな特徴です。

　これからの音楽科においては，生活や社会の中で音や音楽がどう役立ち，生かされているのか，自分の学んだことがどう生活や社会の中の音や音楽，音楽文化とつながっているのかなど，「生活や社会の中の音や音楽の働き」という視点から，生徒自身が音楽科での学びを捉えていくことが求められます。また，グローバル化が急速に進む時代を生き抜いていくためには，我が国や世界の様々な地域で発展，継承されてきている多様な音楽文化に親しみ，それぞれのよさや違いを認め，尊重する態度を身に付けていくことが大切です。

　しかも，こうした資質・能力を育成するためには，多様な音楽活動を行うことを通して，「音楽的な見方・考え方」を働かせる必要があります。この「見方・考え方」は，新しく目標に登場してきた文言です。

　中学校音楽科の「見方・考え方」について，答申では，次のように整理されています。

　「音楽に対する感性を働かせ，音や音楽を，音楽を形づくっている要素とその働きの視点で捉え，自己のイメージや感情，生活や社会，伝統や文化などと関連付けること」（答申，p.162）

　ここでは，芸術系教科・科目の「見方・考え方」の特徴として，「知性と感性の両方を働かせて対象や事象を捉えること」が挙げられ，「身体を通して，知性と感性を融合させながら捉えていくこと」が，他教科等以上に芸術系教科・科目の学びに期待されています。さらに，表現及

び鑑賞に共通して働く資質・能力である〔共通事項〕との深い関わりも指摘されています。

これまでの音楽科においても,「音楽に対する感性」は,音楽活動の根幹に関わるものとして位置付けられてきました。すなわち,「音楽に対する感性を働かせ,音や音楽を,音楽を形づくっている要素とその働きの視点で捉え」とは,これまでと同様,音楽の様々な特性に対する感受性,音や音楽の美しさなどを感じ取る心の働きを中核とし,音や音楽を〔共通事項〕の視点で捉える学習を継承し,発展させていくことにほかなりません。そして,音楽を形づくっている要素とその働きの視点で捉えたものと自分なりのイメージや感情,さらには,身の回りの生活や文化などと関連付けていくことが,「音楽的な見方・考え方」では求められています。

ただし,「音楽的な見方・考え方」は,四つめの資質・能力ではありません。「音楽的な見方・考え方」は,資質・能力の三つの柱によって支えられるものであり,音楽科で身に付けた三つの柱が活用・発揮される学びの中で鍛えられていくものです。また,「音楽的な見方・考え方」は,資質・能力の三つの柱を関連付け,結び付ける役割も果たします。さらに,「音楽的な見方・考え方」を働かせた学習を積み重ねることによって,音楽科ならではの深い学びが実現し,生徒は生涯にわたって音楽と豊かに関わっていくことができるようになるでしょう。

生涯にわたって生きて働く力となる「音楽的な見方・考え方」は,生涯学習という視点に立てば,極めて重要な鍵となるものです。

生徒が知性と感性の両方を働かせて音や音楽を捉えたり,そのよさや美しさを実感したりするような学び,生徒が音や音楽と生活や社会,伝統や文化などとの関わりついて考えたり,音楽を学校で学ぶ意義について気付いたりする学びを実現していくためには,生活や社会,伝統や文化と関わっていると生徒が感じ取りやすい教材,生徒が愛着をもてるような教材を選択・活用したり,音楽活動そのものが直接生活や社会に役立っているような事象を取り上げたりするなどの工夫が大切となります。

14

いうまでもなく，授業の主役は生徒であり，「音楽的な見方・考え方」を働かせる主体も生徒一人一人ですが，様々な工夫を通じて，「音楽的な見方・考え方」が働くように導いていくのは教師であることを肝に銘じる必要があります。教師自らが，生活や社会の中の音や音楽と豊かに関わることを通して，音楽活動の社会的な意味を理解し，音楽科の存在意義を自覚することが重要ではないでしょうか。

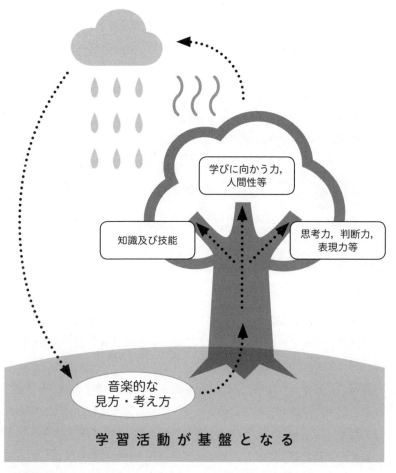

▲「音楽的な見方・考え方」のイメージ図

# 2

# 「生活や社会の中の音や音楽, 音楽文化と豊かに関わる資質・能力」の育成

　前述のように, 音楽科で育成を目指す「生活や社会の中の音や音楽, 音楽文化と豊かに関わる資質・能力」は, (1)「知識及び技能」, (2)「思考力, 判断力, 表現力等」, (3)「学びに向かう力, 人間性等」の視点から育成されることになります。これら三つの柱は, 相互に密接に関連し合うもので, 別々に分けて育成したり, 順序性をもって育成したりするものではありません。新学習指導要領は,「生徒が学ぶ視点」に立った記述で統一されており, 目標文においても, 生徒が主語で,「何を理解しているか」,「何ができるようになるか」という書きぶりが特徴的です。

## (1)「知識及び技能」の習得

　音楽科の目標 (1) の前半, すなわち,「曲想と音楽の構造や背景などとの関わり及び音楽の多様性について理解する」が「知識」の習得, 後半の「創意工夫を生かした音楽表現をするために必要な技能を身に付ける」が「技能」の習得に関する部分です。

　音楽科における「知識」としては, 曲名や作者名, 背景や歌詞, 音符, 休符, 記号や用語の名称などのように, 音や音楽を伴わなくても得られる知識や, 音楽を形づくっている要素の特徴やそれらの働きが生み出す特質や雰囲気などのように, 知覚・感受を伴うことによって得られる知識などが考えられます。さらに, 音楽科において一層重要となる知識は,

これらを自己のイメージや感情などと関連付けたりしながら，多様な音楽活動を通して，自己との関わりの中で得られる知識です。こうして実感を伴いながら理解された知識は，表現及び鑑賞の活動に生きて働きます。

　音や音楽を伴わなくても得られる知識も確かに大切ですが，たとえ同じ記号であっても，曲想との関わりや表れ方などによっては，微妙に異なるニュアンスが加わります。自己のイメージなどと関連付けながら，ここではどのような音楽表現が求められているのか，作曲者や演奏者はどのようなイメージを表現しようとしているのかなどを，実際に音楽を聴いたり演奏したりすることを通して，実感しながら理解していくことが大切です。

　「技能」の習得に関しては，「創意工夫を生かした音楽表現をするために」と示されているように，「思考力，判断力，表現力等」の育成と関わらせて習得させることが求められています。「生きて働く技能」の習得は，表現に対する思いや意図，創意工夫と深く結び付いているとともに，「生きて働く知識」とも密接に関連しています。

## (2)「思考力，判断力，表現力等」の育成

　これまでの音楽科においても，どのように表現を工夫するかについて思いや意図をもつことは重要視されてきました。その方向性が，新学習指導要領でも引き継がれることは間違いありません。その際，教師が留意しなければならないのは，実際に音を出したり表現を試したり試行錯誤する中で，生徒の当初の思いや意図が深まったり変わったりする場合が十分あり得るという点です。創意工夫の過程で当初は思いもよらなかったような新しい発想が生まれるかもしれません。生徒一人一人が，柔らかい感性をもって音や音楽と向き合い，実際に表現を工夫する中で，曲の特徴や自己のイメージにふさわしい音楽表現を探っていくことができるよう，学習指導のプロセスを工夫することが大切です。

鑑賞領域に関わる「音楽のよさや美しさを味わって聴くこと」では，音や音楽に対する自己のイメージや感情を，曲想と音楽の構造や背景などと関わらせて捉え直したり，自分なりにその音や音楽を価値付けたりしながら，音楽を聴き深めていくことが重要です。

このように音楽表現を創意工夫したり，音楽のよさや美しさを味わって聴き深めたりする活動は，これまでの音楽科においても大切にされてきたものです。

音楽表現の工夫のよさや課題を共有し合ったり，曲や演奏のよさや美しさを見いだしたり，自分なりに音楽を価値付けたりする活動を通して，「思考力，判断力，表現力等」を「生きて働く知識及び技能」と深く関連付け，音楽の「深い学び」を実現していくためには，学びの過程において，生徒一人一人が，友達や教師（他者），音や音楽（教材），そして自己としっかりと向き合い，対話する必要があります。

その際には，鳴り響く音や音楽，そして言葉などが重要なコミュニケーションの手段となります。「どのような音楽表現がふさわしいのか」と，何度も演奏したり確かめたりしながら，自分のイメージする表現や曲にふさわしいと判断される表現を求める生徒，音楽のよさや美しさについて友達と活発にコミュニケーションを図る生徒，音楽のもつ意味や価値をじっくり考える生徒といった学びの姿を実現するためには，音や音楽及び言葉などをバランスよく組み合わせた，音楽科ならではのコミュニケーション，つまり「音楽科の特質に応じた言語活動」を工夫することが大切となるでしょう。

## (3)「学びに向かう力，人間性等」の涵養

「学びに向かう力，人間性等」の涵養に関する目標が示された音楽科の目標 (3) では，「音楽活動の楽しさを体験する」や「音楽を愛好する心情」，「音楽に対する感性」，「音楽に親しんでいく態度」，「豊かな情操」がキーワードとなっています。これまでの音楽科が長い間大切にしてき

た方向性を継承していることは明らかですが，答申の「どのように社会・世界と関わり，よりよい人生を送るか」という視点に直結するこの項目では，「生活や社会の中の音や音楽，音楽文化と豊かに関わる」ことを一層強く推進していこうとする方向が明確に打ち出されています。

　その出発点ともなる音楽科の学習においては，主体的，創造的に音楽活動に取り組む楽しさを実感させることが大切となります。「音楽活動の楽しさ」といっても実にいろいろな楽しさが考えられます。また，「活動の楽しさ」と「学びの深まり」は，音楽科の学習において密接に結び付いていると思われます。例えば，一見面白くないような活動であっても，生徒自身がそこに意味を見いだし，活動を繰り返す中で新しい気付きや発見があれば，生徒は主体的，創造的に活動に取り組むようになるでしょう。「こんなことができるようになった」という達成感は，新たな学びの楽しさを引き出します。学ぶ楽しさや段階的な達成感，そして「この学びによって，こんなことができるようになる」という見通しをもつことが，様々な音楽や音楽活動に主体的，創造的に関わっていこうとする態度を育むことにつながります。これらが学びに向かう原動力となり，相乗的に音楽の学びの質が高まっていくと考えられます。

　「活動の楽しさ」と「学びの深まり」がスパイラルに結び付き，「音楽的な見方・考え方」が鍛えられ，生涯にわたって「音楽に親しんでいく態度」が育まれていくのではないでしょうか。

# 3

# 学年の目標について

　教科の目標と同様，「学年の目標」も，育成を目指す資質・能力の三つの柱に沿って整理されています。繰り返しになりますが，今回の改訂では，目標及び内容が，資質・能力によって構造化，細分化されて示されたことが大きな特徴です。また，学年の目標においても，従来の指導という視点からではなく，生徒の学びという視点から，「何ができるようになるか」や「何を学ぶか」を明確に打ち出した書きぶりになっています。

　ここでは，第1学年から第2学年及び第3学年に向けて，学びが質的に高まっていくように示されている部分について触れておくことにします。

　(1) の「知識及び技能」の習得に関する目標では，第2学年及び第3学年において，知識に関して「背景」が加わっています。当然，第1学年においても，「背景」について教えたり学んだりすることは考えられます。ただし，「曲想との関わり」において理解することまでは求めないということです。

　(2) の「思考力，判断力，表現力等」の育成に関する目標では，表現領域において，第1学年では，単に「音楽表現を創意工夫する」となっているのに対し，第2学年及び第3学年では，「曲にふさわしい」という文言が加えられ，その曲固有のよさや特徴などにふさわしい音楽表現の創意工夫が求められています。また，鑑賞領域において，第1学年では，「音楽を自分なりに評価しながら」と示されているのに対し，第2

20

学年及び第3学年では「自分なりに」という文言が外されています。第1学年では，知覚・感受を支えに自分なりに解釈し評価することが重要であり，学年が進むに連れて，根拠をより明確にしたり，他者との交流などを通して互いに共感したり納得したりするような評価にしていくことが大切となります。

　(3)の「学びに向かう力，人間性等」の涵養に関する目標では，まず，「主体的・協働的に」表現及び鑑賞の学習に取り組むことが強調されています。感性の働きを基に，思考，判断し，表現する過程を大切にする音楽科においては，学習活動への主体的な取組が大事になります。そうした生徒の主体的な取組を助長するような教材選択や学習方法の工夫が教師に求められます。

　「協働的」という表現は，他者と協働しながら学ぶという音楽科の特質を反映したものであり，教科の存在意義や教育の今日的課題にも深く関わるものです。音楽科の学習活動には，他者と一緒に合唱や合奏で一つの音楽表現をつくり上げたり，グループなどで創意工夫しながら創作活動を展開したり，鑑賞した音楽のよさや特徴などについて，感じ取ったことや評価したことを発表し合って互いの思いを共有したり，他者との価値観の違いに気付いたりするなど，他者との関わりなくしては成立しない学びが数多くあります。

　ただし，協働的とは，単に他者に迎合することではありません。自分の思いや意図を伝えつつ，他者のそれらも受け入れ，相互に共有，共感し合いながら，より質の高い音楽活動に取り組むことを意味しています。そのためには，音や音楽，言葉などを組み合わせたコミュニケーションを工夫し，生徒同士，生徒と教師が関わり合う中で，生徒一人一人の音楽の学びが深まっていくような授業を構想・展開する必要があります。教科の目標と同じく，第2学年及び第3学年の目標において「音楽に親しんでいく態度」が強調されているのは，まさに生涯学習の視点に立った学校音楽の位置付けを明確に表しているといえるでしょう。

## 4

# 内容の示し方の改善

　教科及び学年の目標に関しては，音楽科で育成を目指す資質・能力の三つの柱に沿って整理されていますが，音楽科の内容に関しては，下記のように，「思考力，判断力，表現力等」と「知識」,「技能」の資質・能力から指導事項が整理されています。内容の構成に関しては現行と同様で，「A 表現」と「B 鑑賞」の 2 領域と〔共通事項〕から構成され，「A 表現」は，（1）歌唱，（2）器楽，（3）創作の 3 分野に分けて示されています。

| 領域 | A 表現<br>（1）歌唱<br>（2）器楽<br>（3）創作 | ア | 思考力，判断力，表現力等 |
| | | イ | 知識 |
| | | ウ | 技能 |
| | B 鑑賞 | ア | 思考力，判断力，表現力等 |
| | | イ | 知識 |
| 〔共通事項〕 | | ア | 思考力，判断力，表現力等 |
| | | イ | 知識 |

　各指導事項に分けて示された資質・能力は，本来相互に関わりながら，一体的に働くものであり，個別的に育成されるものでも，固定的な順序でもって獲得されるものでもありません。指導計画の作成に当たっては，これらの点を十分に注意し，相互に関連付ける必要があります。また，年間を通して，領域・分野，取り扱う指導事項や〔共通事項〕などのバ

ランスが取れていることが大切です。

内容の示し方で注意しなければならないのは，枠組みが変更され，これまでの指導内容が細分化された点です。しかも，表現領域の指導内容は，「音楽の素材としての音」，「音楽の構造」，「音楽によって喚起されるイメージや感情」，「音楽の表現における技能」，「音楽の背景となる文化や歴史など」の五つの観点から具体化されています。それによって，「A表現」の(1)歌唱では，イが(ア)(イ)の二つの事項，ウが(ア)(イ)の二つの事項で示されることによって計五つの事項となっています。(2)器楽は，イが二つの事項，ウが二つの事項に分かれて計五つの事項，(3)創作は，イが二つの事項に分かれて計四つの事項で示されています。

一見，指導内容が増えたようにも感じられますが，あくまで現行の指導内容がベースであり，指導内容の考え方そのものに大きな変化はありません。「思考力，判断力，表現力等」，「知識」，「技能」という資質・能力別に整理され，指導すべき内容が明確化されたと捉えるべきです。

一方，「B鑑賞」は，現行の内容が，ア「思考力，判断力，表現力等」とイ「知識」で整理され，表現領域と同じく五つの観点（ただし，「音楽の表現における技能」に代わって「音楽の鑑賞における批評」）から具体化されています。また，答申の内容や教科の目標を受けて，新たに「生活や社会における音楽の意味や役割」や「音楽表現の共通性や固有性」が示されたことが特徴的です。自分と音楽との関わりを実感することは，音楽と人間，音楽と社会との関わりなどを考えたり捉え直したりすることにつながっていくと思います。

なお，これまで「内容」に示されていた教材の取扱いについては，「第3 指導計画の作成と内容の取扱い」の「2」で一括して示されていますが，ここでも，「生徒にとって親しみがもてたり意欲が高められたり，生活や社会において音楽が果たしている役割が感じ取れたりできるもの」として，生徒自身や社会と音楽との関わりが強調されています。

CHAPTER 2

# 今回の改訂で新たに加えられたことは？

- 総論 …………………………………………………… 26
- ❶ 生活や社会の中の音や音楽，音楽文化と
  豊かに関わっていくことができるよう配慮する …… 28
- ❷ 和楽器の指導における「口唱歌」の取扱い ………… 30
- ❸ 知的財産の保護と活用に関する配慮事項 ………… 32

CHAPTER 2

# 総論

CHAPTER 1で触れたように，今回の改訂においては，「三つの柱」の考え方に沿って内容が整理され，育成を目指す資質・能力がより明確になりました。その一方で，新たに加えられた事項もいくつかあります。当然これらの点にも注目して学習指導に取り入れていかなければなりません。大切なのは，単に「新たに付け加える」という形ではなく，今回示された学習指導要領全体における位置付けを意識しながらそれらに取り組むことです。

私たちは物事が変化すると，新たに加えられたことに注目するあまり，そのことへの取組にばかり偏りがちです。これは学習指導においても同様です。今回の改訂で新たに加えられた事項に注目し，それに関する情報を得るのはよいことですが，新たな事項に偏った学習指導をすることによって，本来継続して取り組むべき学習内容が後退してしまうおそれもあります。また，新たに示された事項を，単に表面的に捉えるだけで，本来意図されたものとは異なる形の実践になってしまう可能性もあります。

例えば，平成20年の改訂時には〔共通事項〕が新設されました。この〔共通事項〕は，現行より前の学習指導要領で表現及び鑑賞の各指導事項に個別に示されていたものから，「すべての活動において共通に指導する内容」を取り出して示したものでした。〔共通事項〕新設の背景には，本来各活動と関連させて指導されるべきそれらの内容について学

習指導が十分になされていなかったという実態がありました。けれども改訂の際に〔共通事項〕という新しい用語で示された結果，そればかりがクローズアップされ，「旋律」「テクスチュア」などの語句が，音楽との関連付けが不十分なまま授業の中で用いられている，という指摘も見られました。

　こうしたことのないように，今回新たに示された事項については，それが「なぜ示されたのか」という背景を正しく理解して，適切に指導計画の中に取り入れることが大切です。


　今回の改訂で新たに加えられた事項はいくつかありますが，ここでは次の三つについて触れます。

❶ 生活や社会の中の音や音楽，音楽文化と豊かに関わっていくことができるよう配慮することが新たに示された点。

❷ 和楽器の指導に当たっては，「適宜，口唱歌を用いること」という文言が新たに追加された点。

❸ 「音楽に関する知的財産権」に関連して，それを扱う際の視点が明示された点。


　以下でそれぞれの概要について説明します。

# 1

# 生活や社会の中の音や音楽, 音楽文化と豊かに関わっていくことができるよう配慮する

　今回の改訂では，教科の目標として「生活や社会の中の音や音楽，音楽文化と豊かに関わる資質・能力を」育成することが明記されました。同時に小学校においても「生活や社会の中の音や音楽と豊かに関わる資質・能力を」と示され，音楽科で育成する資質・能力が明確になりました。

　中学校では，これに加えて「第3　指導計画の作成と内容の取扱い」の2の (1) のアにおいて，次のように記されています。

> ア　音楽活動を通して，それぞれの教材等に応じ，音や音楽が生活に
> 　　果たす役割を考えさせるなどして，生徒が音や音楽と生活や社会
> 　　との関わりを実感できるよう指導を工夫すること。

　従来は「音環境への関心を高めたり，音や音楽が生活に果たす役割を考えさせたりするなど，生徒が音や音楽と生活や社会とのかかわりを実感できるような指導を工夫すること」が示されていましたが，今回は音楽科の目標の変化に伴い，この部分の一層の充実が求められています。

　また，(1) のオにおいては，次のように示されています。

> オ　生徒が学校内及び公共施設などの学校外における音楽活動とのつ
> 　　ながりを意識できるようにするなど，生徒や学校，地域の実態に
> 　　応じ，生活や社会の中の音や音楽，音楽文化と主体的に関わって
> 　　いくことができるよう配慮すること。

学校内の音楽活動には

・音楽科の授業における活動

・総合的な学習の時間における音楽活動

・学校行事における音楽活動

・課外活動における音楽活動

などが挙げられます。

一方，学校外の音楽活動には,

・公共施設における生徒による音楽活動

・音楽ホール等で催される演奏会への参加

・地域に伝わる伝統芸能グループへの参加

など，生徒が行う音楽活動に限らず，多様な活動が挙げられます。

　課外活動における音楽活動や学校外の音楽活動は，通常個人単位で行われます。また上記のような音楽活動は，学校によって，あるいは地域によって，様々な在り方が想定されるため，「生徒や学校，地域の実態に応じ」とされているのです。

　ここでポイントとなるのは,授業をはじめとする「学校内の音楽活動」と「学校外の音楽活動」とのつながりを生徒自身が意識することです。そしてまさにこのことが「社会に開かれた教育課程」を実現する上で重要になってくるものだと考えられます。

　例えば，授業で学習したことが学校外の活動で「役立った」あるいは「この曲（作曲家）は授業で聴いた」とか，「授業でやったのはこのことだったのか」などと実感するような場面に出会う可能性を想定して授業を行うことが重要になると思われます。更に一歩進めて「この曲は近々ここで演奏されるから，聴いてみてごらん」など，学校外での音楽活動を促すことで，授業での学びをより主体的にすることも期待できます。

# ② 和楽器の指導における「口唱歌」の取扱い

　現行学習指導要領において，和楽器の学習は単に「奏法を学ぶ」のではなく，「我が国や郷土の伝統音楽のよさを味わい，愛着をもつことができるよう」という視点が明記されました。今回の改訂では更に一歩進めて，伝統的に用いられてきた「口唱歌」を和楽器の指導において適宜用いることが示されました。

　「口唱歌」は「唱歌」とも呼ばれ，日本の伝統的な楽器の習得場面で用いられてきたものです。しかし，同じ漢字で表記される「唱歌」という語が一般的に知られており，かつ小学校学習指導要領で「文部省唱歌」などの「唱歌」という用語が用いられているため，それと明確に区別するために「口唱歌」と記されています。

　「口唱歌」を用いることによって，単に旋律の高低やリズムを覚えるだけではなく，その楽器固有の音色や響きを感じ取ったり，奏法を覚えたりすることができます。さらに「間」など，その音楽のもつ特徴を感じ取ることも可能です。

　口唱歌を用いて指導できる楽器としては，箏，三味線，太鼓，篠笛，尺八などの他に，雅楽で用いられる楽器などがあります。例えば雅楽「越天楽」の学習に際して，篳篥の口唱歌を利用してその旋律を覚えたり，実際に雅楽の演奏に合わせて歌ってみたりするなどの活動も可能です。

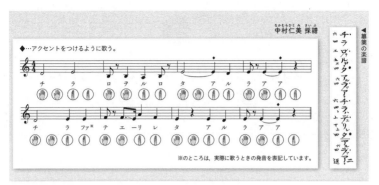

平調「越天楽」篳篥の口唱歌（教育芸術社「中学生の音楽2・3下」から）

　このように，口唱歌は，実際にその楽器を用いずに，その旋律の特徴を感じ取ったり，奏法を実感したりする手段として用いることができるという意味で，効果的なものと言えます。
　さらにこれを応用して，口唱歌を用いたアンサンブルなどに発展することもできます。

「『寄せの合方』によるリズムアンサンブル」四世杵屋六三郎 作曲／今藤政太郎・望月太津之 採譜（教育芸術社「中学生の器楽」から）

## 知的財産の保護と活用に関する配慮事項

③

　現行中学校学習指導要領の「第3　指導計画の作成と内容の取扱い」
においては「音楽に関する知的財産権について，必要に応じて触れるよ
うにすること」（2（7）ウ）と示されています。これは「知的財産権」
に関する記述としては初めて示されたものでした。これと同様に高等学
校の学習指導要領にも示されており，既に教科書でもそれに関する記述
が掲載されています。

　インターネットを通じて，子供たちも容易に世界と直接つながること
ができるようになった反面，そこで第三者の権利を侵害してしまい訴え
られるといった危険に直面するようになってきています。また，様々な
コンテンツによって「知財立国」を目指す我が国において，将来を担う
子供たちが知的財産権，著作権に関する正しい知識をもつことは大変重
要なことです。

　こうした背景から，今回の改訂では，小学校の学習指導要領にも知的
財産権に関わる記述が含まれるようになったのに加え，中学校においては
単に「必要に応じて触れる」という記述だけではなく，視点を明確に示す
ようにしています（第3　指導計画の作成と内容の取扱い　2（1）カ）。

> カ　自己や他者の著作物及びそれらの著作者の創造性を尊重する態度
> 　　の形成を図るとともに，必要に応じて，音楽に関する知的財産権
> 　　について触れるようにすること。また，こうした態度の形成が，音
> 　　楽文化の継承，発展，創造を支えていることへの理解につながる

> よう配慮すること。

　ここに示されたように，現行の記述に比べると，より具体的であり，学習する意義も含めて詳細に示されていることが分かると思います。

　小学校の学習指導要領においては，これに関連した内容が初めて示されました。そこでは「多くの曲について，それらを創作した著作者がいることに気付き」とあります。「つくった人がいる」と認識することは，一見当たり前のように感じますが，実はこれが知的財産に関する意識の，まさに「入り口」と言える大切なものです。このことを出発点として，中学校では「著作者の創造性を尊重する態度」を育成することが求められています。また，このことが音楽文化の継承のみならず「新たな創造を支えている」という理解にも結び付いていきます。

　「著作権法」という法律があるからそれを遵守する，というだけのことではありません。「なぜそうするべきなのか」というところまで踏み込むという意味では，ここにも「深い学び」が求められていると言えます。とかく「知的財産権」「著作権」と言うと，「〜してはいけない」といったネガティヴな側面のみが強調されがちですが，「新たな創造を支える」という視点でポジティヴに捉えていくことが望まれます。

CHAPTER 3

# ここが重要!
# 学習指導改善のエッセンス

| 総論 …………………………………………… 36
① 何ができるようになるか ………………………… 38
② 主体的・対話的で深い学び ……………………… 48
③ カリキュラム・マネジメント …………………… 58

CHAPTER 3

# 総論

　ここまで，新学習指導要領の改訂のポイントと，新たに加えられた内容について触れてきました。次に，具体的にどのような学習指導の改善を行うべきなのかについて，下記の三つの視点から事例を含めて示します。

## ●「何ができるようになるか」という視点

　ここでは，今回の改訂で明確に示された「資質・能力」という観点から，新学習指導要領の内容を改めて確認し，それに沿った学習指導の具体例を提示します。

　つまり，どのような能力を習得させるために，どのような教材を用いて，どのような観点で学習指導を行うべきなのか，その結果，何ができるようになるのかという，今回の学習指導要領改訂の趣旨を実現するための重要なヒントを，学習指導の事例を交えながら提示します。

## ●「主体的・対話的で深い学び」という視点

　もともと大学における授業改善の方策として生まれた「アクティブ・ラーニング」ですが，今回の学習指導要領改訂に当たっては，義務教育においても「アクティブ・ラーニング」の視点での授業改善が課題とし

て浮き彫りになっていました。「アクティブ・ラーニング」という用語は，その定義が明確でない，ということから新学習指導要領本文で用いられることはありませんでしたが，その趣旨は「主体的・対話的で深い学び」という表現の中に込められています。

　ここではそのような学習指導としてどのような展開が考えられるのか，実際の事例を交えて紹介します。

## ● カリキュラム・マネジメントについて

　この用語は，学習指導要領の第1章「総則」でごく簡単に触れられているものですが，今回の学習指導要領改訂に当たって，中央教育審議会において議論されてきた重要な視点です。

　つまり，「主体的・対話的で深い学び」の視点による授業改善を実際に行う際は，人的あるいは物的に，より効果的な方策を策定して実施することが求められているのです。

　さらに新学習指導要領が目指す「社会に開かれた教育課程」の実現に向けては，学校，家庭，地域などとの緊密な連携を図る，という視点が不可欠です。

　また，上記の視点は，管理職の教職員にとって当然必要なことですが，全ての教職員がその必要性を共有し，学校が一体となって授業改善に当たることが重要であると言えます。特に中学校では教科担任制をとっていることから，他教科の先生方との連携が大変重要になってきます。

　ここではどのような改善を図るべきかについて具体例を提示します。

**①**

# 何ができるようになるか

## (1) 表現領域

### ① はじめに

　新しい「中学校学習指導要領解説　音楽編（※）」（以下「解説」という）では，生きて働く「知識・技能」の習得，未知の状況にも対応できる「思考力・判断力・表現力等」の育成について，音楽科においてどのような学習をすべきか（何ができるようにすべきなのか）が具体的に示されています。特にア「思考力・判断力・表現力等」，イ「知識」，ウ「技能」については，「第2　各学年の目標及び内容」の解説において，育てるべき資質・能力を**「～をできるようにすること」**等の言葉で示し，さらに，**「例えば」**や**「このように」**等の文言に続けて，取組の事例と具体的な指導のポイントが示されていることが大きな特徴と言えるでしょう。その一部を以下に例示します。

　第1学年　A表現(1)ア　（「解説」から抜粋。太字は筆者）

> ア　歌唱表現に関わる知識や技能を得たり生かしたりしながら，
> 　　歌唱表現を創意工夫すること。

　この事項は，歌唱分野における「思考力，判断力，表現力等」に関する資質・能力である，歌唱表現を創意工夫することが**できるようにすること**をねらいとしている。（中略）

---

**38**　※中学校学習指導要領解説は，平成29年12月27日時点の文部科学省ホームページに公開されているものを参照しました。

例えば，曲に対して「優しい感じの歌だ」というイメージをもち，「優しい感じ」を表すために，声の音色や強弱について様々に歌い試す中で，「優しい感じにするために，柔らかい声で，旋律の上がり下がりの動きに合わせて自然な強弱変化を付けて歌いたい」などのような思いや意図をもつことが考えられる。（中略）

このように，本事項では，生徒が様々な歌唱表現を試しながら工夫し，どのように歌うかについて思いや意図をもつ過程を重視した指導を求めている。

## ② 表現領域の題材の設定

指導事項のア，イ，ウを組み合わせて題材を設定することが求められています。その際，新学習指導要領だけではなく，現行の学習指導要領等も参考にしながら，各事項で何を学習するのかを再確認するとよいでしょう。各教科とも，学習する内容は現行の内容から基本的に変化はないようです。

なお，「解説」には，第1学年の歌唱ア，イの（ア），ウの（ア）を組み合わせた題材を設定する場合，「曲想と音楽の構造や歌詞の内容との関わりを理解するとともに，それらを生かした歌唱表現を創意工夫して歌うこと」という指導内容となることが例として示されています。

## ③ 表現領域の事例

【題材例1】
題材：「楽曲にふさわしい歌い方を工夫して歌おう」（第2学年）

教材 「夏の思い出」 江間章子 作詞／中田喜直 作曲
指導事項：A表現（1）歌唱ア，イ（ア），ウ（ア）
学習内容：曲想と旋律の音の動きやフレーズ，強弱，伴奏が生み出す特質や雰囲気，歌詞の内容及び曲の背景との関わりを理解するとともに，それらを生かした曲にふさわしい歌唱表現を創意工夫して歌う。
時数の目安：全2時間

**活動** 歌詞の内容や曲の背景を理解するとともに，曲想を感じ取って，それらにふさわしい声の音色や響きを工夫して歌う。

**ポイント** 感じ取った曲想は，音楽を形づくっている要素やそれらの関連がどのように作用することによって生まれているのか，また，歌詞の内容や曲の背景とどのように関わっているのかを考える過程が重要です（例えば，グループ活動を通して楽曲について話し合うなど）。そして，そうした過程を踏まえ，実際の歌唱表現においては，どのような工夫や技能が必要であるかを考えながら学習することが大切です。

　ここで，この学習において身に付ける「資質・能力」について整理しておきましょう。これは，現在行っている授業の内容を，新しい枠組み，つまり指導事項ア，イ，ウに沿って整理するもので，新しい要素が加わるわけではありません。

　　[指導事項]
　　歌唱ア　　歌唱表現に関わる知識や技能を得たり生かしたりしながら，曲にふさわしい歌唱表現を創意工夫すること。
　　歌唱イ　　（ア）曲想と音楽の構造や歌詞の内容及び曲の背景との関わり
　　歌唱ウ　　（ア）創意工夫を生かした表現で歌うために必要な発声，言葉の発音，身体の使い方などの技能

⬇

　　[身に付ける資質・能力]
　　歌唱ア… 歌詞の内容や曲想を味わって曲にふさわしい音楽表現を工夫し，どのように歌うかについて思いや意図をもつことができる。
　　歌唱イ… 曲想と旋律の音の動きやフレーズ，強弱，伴奏が生み出す特質や雰囲気，歌詞の内容及び曲の背景との関わりについて理解することができる。

歌唱ウ… 歌詞の内容や曲想を生かした，曲にふさわしい音楽表現
　　　　をするために必要な発声，言葉の発音，身体の使い方な
　　　　どの技能を身に付けて歌うことができる。


　なお，ア，イ，ウについては，指導する順序が定まっているわけでは
ありません。資質や能力を身に付けることができるよう，ア，イ，ウを
関連させた「学習の流れ」を授業の展開でつくることが大切です。
　このように，実際の授業で行っている学習内容をア，イ，ウに沿って
整理し，その学習で資質や能力を身に付ける過程や身に付けたという実
感が，「学びに向かう力，人間性等」の涵養とどのようにつながるかを
考えることがとても重要ではないでしょうか。


---

【題材例2】
題材：「箏を演奏しよう」「平調子を用いて旋律をつくろう」（第1学年）
　教材　「さくらさくら」　日本古謡　長谷川 慎 編曲
　　　　「平調子の旋律創作」
指導事項：A表現（2）器楽ア，イ（イ），ウ（ア）
　　　　　A表現（3）創作ア，イ（ア），ウ
学習内容：楽器の音色や響きと奏法との関わりを理解するとともに，それらを
　　　　　生かした器楽表現を創意工夫して演奏する。
　　　　　音のつながり方の特徴を理解するとともに，創意工夫を生かした表
　　　　　現で旋律や音楽をつくる。
時数の目安：全4時間

---

　活動1　箏の基本的な奏法を習得するとともに，その奏法が生み出す音
色や響きの特徴を感じ取った上で，それらを生かして箏を演奏する。

　ポイント　楽器固有の音色や響きと奏法とは密接な関係にあります。また，
それらを生かして演奏するためには，身体の使い方などの技能が必要と
なります。
　箏は比較的容易に音を奏でることができますが，単に音を出すだけで

はなく，どのような音色が美しいのかというイメージを，生徒がしっかりとつかむことが大切です。

　また，楽器を生み出した風土，歴史や文化などについて学習することもとても大切であり，効果的です。和楽器を取り上げる意義を踏まえるためにも，教科の目標に示された「生活や社会の中の音や音楽，音楽文化と豊かに関わる資質・能力」の意図するところや，「第3　指導計画の作成と内容の取扱い」2の(3)イや，(6)の内容にも留意して指導に当たるとよいでしょう。

　なお，器楽，創作のみならず，朝鮮半島のカヤグムなど，アジア各地の楽器と比較聴取するといった鑑賞も取り入れると，その特徴や味わいを一層感じ取ることができるでしょう。


　活動2　平調子の音を使って，音のつながり方を工夫して旋律をつくる。

　ポイント　平調子の構成音は，どのようにつなげてもいわゆる日本的な（和風な）旋律となります。順次進行や跳躍進行によって旋律に様々な表情が生まれます。このことを理解し，どのようにつなげると自分の表したいイメージを表現できる旋律となるか，実際に音を出して試しながら旋律をつくっていくとよいでしょう。

　なお，この学習においては，「課題や条件」の設定が大切です。創作の指導事項ウの解説をよく確認して，指導に当たるとよいでしょう。


指導事項に沿って，この学習で身に付ける「資質・能力」を整理します。


[指導事項]

器楽ア　器楽表現に関わる知識や技能を得たり生かしたりしながら，器楽表現を創意工夫すること。

器楽イ　(イ)楽器の音色や響きと奏法との関わり

器楽ウ　(ア)創意工夫を生かした表現で演奏するために必要な奏

法，身体の使い方などの技能

創作ア　創作表現に関わる知識や技能を得たり生かしたりしながら，創作表現を創意工夫すること。

創作イ　（ア）音のつながり方の特徴

創作ウ　創意工夫を生かした表現で旋律や音楽をつくるために必要な，課題や条件に沿った音の選択や組合せなどの技能を身に付けること。

↓

［身に付ける資質・能力］

器楽ア…　右手親指の奏法や押し手などを試しながら，曲にふさわしい音楽表現を工夫し，どのように演奏するかについて思いや意図をもつことができる。

器楽イ…　箏の音色や平調子の響きを知覚し，それらの働きが生み出す特質や雰囲気を感受しながら，それらが右手親指の奏法や押し手と密接に関わっていることを理解することができる。

器楽ウ…　箏の音色や平調子の響きを生かした表現で演奏するために必要な奏法，身体の使い方などの技能を身に付けて演奏することができる。

創作ア…　箏の音色や平調子の響きを生かした表現を工夫し，どのように音楽をつくるかについて思いや意図をもつことができる。

創作イ…　箏の音色や平調子の響きを知覚し，それらが生み出す特質や雰囲気を感受し，音のつながり方によって生み出される特質や雰囲気と自分が表したいイメージとの関わりを捉えることができる。

創作ウ…　箏の音色や平調子の響きを生かし，音の選択や組合せなどの音のつながりを創意工夫した表現で8小節の旋律をつくることができる。

## （2）鑑賞領域

### ① はじめに

　鑑賞領域の学習では，曲想と音楽の構造との関わり，音楽の特徴とその背景となる文化や歴史などとの関わり，音楽の特徴から生まれる音楽の多様性などについて理解すること，批評などの活動を通して曲や演奏を評価したり，生活や社会における音楽の意味や役割などについて考えたり，音楽表現の共通性や固有性について考えたりすることが求められています。指導に当たっては，これらを関連させて扱うことが大切です。また，これらの学習を支えるものとして〔共通事項〕が位置付けられます。

. . . . . . . . . . . . . . . . . . . . . . . . . . . . . . . . . . . . . . . . . . . . . . . . . . . . . . .

### ② 鑑賞領域の事例

---

【題材例1】
題材：「郷土の民謡のよさや美しさを味わおう」（第1学年）
教材 「ソーラン節」「江差追分」（など郷土の民謡）
指導事項：B鑑賞（1）ア（イ），イ（イ）
学習内容：「ソーラン節」「江差追分」の特徴とその背景となる文化や歴史との
　　　　　関わりを理解し，生活や社会における音楽の意味や役割を考え，民
　　　　　謡のよさや美しさを味わって聴く。
時数の目安：全2時間

---

　活動1 「ソーラン節」「江差追分」の曲想と音楽の構造との関わりを理解し，それぞれの曲の特徴を捉える。

　ポイント 曲想と音楽の構造との関わりについて理解するためには，〔共通事項〕と関わらせた指導によって，生徒が曲想を感じ取り，感じ取った理由を，音楽の構造の視点から自分自身で捉えていく過程が必要です。この教材の場合，音楽の特徴としては，**声の音色，拍，コブシ，節回し，音頭一同形式**などが考えられます。

活動2 音楽の特徴とその背景となる文化や歴史との関わりについて理解し，生活や社会における音楽の意味や役割について考える。

ポイント 「ソーラン節」「江差追分」が成立した背景を教師の説明や資料等で知り，演奏されたり聴かれたりしていた状況などを想像します。これが，そのとき，その場所に生きていた人々が音楽とどのように関わっていたのかを考えることにつながります。

その際，音楽の特徴が，どのような背景から影響を受けて生まれているのかについて，聴く活動を通して自分自身で捉えていく過程が必要です。それによって，生徒は，音楽と人々の営みなどとの関わりに気付き，その音楽が，当時の人々にとってどのような意味や役割をもつのかを考えることができます。

また，これらの音楽が，かつて存在した音楽ではなく，今でも存在し続けている音楽であることに着目し，現代の人々が，これらの音楽をどのように受け入れているかについて考えることも有効です。これらが，音楽と人間との深い関わりを実感することにつながります。


活動3 曲や演奏に対する評価とその根拠を言葉で説明し，学級全体で交流して，「ソーラン節」「江差追分」のよさや美しさを味わって聴く。

ポイント これまで理解したり考えたりしたことを基に，教材として扱う音楽に対して，根拠をもって自分なりに評価できるようにすることが必要です。音楽の特徴とその背景となる文化や歴史との関わりや，生活や社会における音楽の意味や役割について考えたことが，曲や演奏に対する評価とその根拠に生かされるようにします。

【題材例2】
題材：「情景を想像しながら聴こう」（第1学年）

**教材** 歌曲「魔王」 シューベルト 作曲

指導事項：B鑑賞(1)ア(ア)，イ(ア)

学習内容：歌曲「魔王」の曲想と音楽の構造との関わりを理解するとともに，
曲や演奏に対する評価とその根拠を自分なりに考え，音楽のよさや
美しさを味わって聴く。

時数の目安：全2時間

---

**活動1** 歌曲「魔王」の曲想と音楽の構造との関わりを理解する。

**ポイント** まずは，導入が命です。生徒の「主体的な学び」につなげるた
めにも，授業の見通しをもたせ，曲を聴く視点を明確にします。

　導入の例として，「これから，独唱とピアノによるドイツ語の歌曲（リー
ト）の演奏を聴きます。独唱の歌手は，4人の人物を歌い分けています（「日
本昔ばなし」の例などを提示し，ナレーターと3人の登場人物の「会話」
で物語が進んでいくことを伝えると，音楽の仕組みが非常に分かりやす
く，聴く視点が明確となり効果的です）。また，ピアノの演奏は，物語の
内容や情景を音楽で表しています。音楽的な特徴（例：声の音色，旋律
の特徴など）を根拠や理由にしながら，登場人物は誰か，どのような物
語なのかを想像しながら聴きます。」と説明をしてから聴かせることによ
り，生徒は何を根拠にどのような視点で聴けばよいかを理解することが
できます。

　さらに，「なお，全曲を通して3回聴きます。1回の演奏時間は約3分
30秒です。3回聴き終わるまでにワークシートの記入を終えてくださ
い。」などの活動の見通しをもてるような具体的な説明も重要です。

　3回の演奏の聴かせ方や提示の仕方は，次のように行います。

〈1回目〉

　全曲を聴きながら「ナレーター」の部分のみをカード等で示し，「ここ
から，3人の会話が始まります」と提示。

→聴き終わった後，楽曲について個人の第一印象を述べさせる。

〈2・3回目〉

「ナレーター」,「登場人物A」,「登場人物B」,「登場人物C」の大きな
カードをそれぞれの登場場面で示し,全曲を聴かせる。

→聴き終わった後,音楽的な特徴を基に,3人の登場人物の特徴につい
て個人で考えさせ,グループごとに他者とも意見交換させる。

　個人やグループでの意見を最後に全体で共有し,どのような物語なの
かを音楽を根拠に探っていきます。もちろん,生徒が想像した物語が「魔
王」の内容と合っているかを問うわけではありません。音楽的な特徴を
根拠としてドイツ語の歌曲の内容や物語,登場人物などを想像させるこ
とで,生徒一人一人のもつイメージが豊かになり,曲想と音楽の構造と
の関わりを実感を伴って理解する学習となることが重要です。

活動2　曲や演奏に対する評価とその根拠を自分なりに考え,歌曲「魔王」
のよさや美しさを味わって聴く。

ポイント　曲想と音楽の構造との関わりについて,これまで理解したり考
えたりしたことを基に,根拠をもって自分なりに評価できるようにする
ことが大切です。例えば,何種類かの「魔王」の演奏を比較して聴くこ
とにより,様々な側面から「魔王」のよさや美しさを味わう活動なども
考えられます。そして,他者との関わりの中で自分の価値意識を再確認し,
自分の考えや音楽の構造を客観的に把握したり,味わいをより深めたり
することができるように授業を展開することが重要です。

※ワークシート→ p.56

**2**

# 主体的・対話的で深い学び

　これからの音楽科においては，心と身体を使って音楽を感じ取る体験
や，他者との関わりを通して音楽のよさや価値を実感する活動が重視さ
れます。そして，これらの学習指導を充実させるためには，「アクティブ・
ラーニング」の趣旨を盛り込んだ「主体的・対話的で深い学び」の視点
に立ち，学習活動と学びの関連性や，学習活動を通して何が身に付いた
のかという観点で授業改善をすることが重要になります。

　このように，「何ができるようになるか（何が身に付いたか）」という，
育成を目指す資質・能力を明確にしながら，「何を学ぶか」という学習
内容と，「どのように学ぶか」という学びの過程を組み立てていく授業
実践が大切なのです。


## (1)「主体的・対話的で深い学び」を実現するための視点とは

### ① 「主体的な学び」を実現する視点

　「主体的な学び」とは，学ぶことに興味や関心をもち，生徒自ら学習
活動を見通し，振り返り，課題を解決していこうとする学びのことです。

**「主体的な学び」を実現するための授業改善の視点（○）と具体例（・）**

　○主体的に学習に取り組めるよう学習の見通しを立てたり，学習した
　　ことを振り返ったりして，自身の学びや変容を自覚できる場面を題
　　材や授業の指導計画の中に意図的に設定する。

・題材間・学年間の系統的な接続を具体的に示したり，１単位時間の授業における目標や目指すべき姿を具体的に示したりしながら，生徒が何ができるようになればよいか（何が身に付けばよいか）を明確にする。→見通し

・本題材や本時の学習活動の成果や学習の過程における達成状況や変容を確認する。→振り返り

○本題材や本時の学習によって身に付いた力が，生徒の生活や人生とどのように関わるのかを実感を伴って理解することができるようにする。

・題材や授業での学習内容について，どのようにすれば生活や社会に生かすことができるかという視点を生徒にもたせる。

## ② 「対話的な学び」を実現する視点

　「対話的な学び」とは，学習活動を通して他者と協働することによって，多様な見方・考え方を学ぶことです。客観的な根拠を基に他者と交流し，自分なりの考えをもったり音楽に対する価値意識を更新したり広げたりしていく過程に学習としての意味があります。

**「対話的な学び」を実現するための授業改善の視点（○）と具体例（・）**

　○題材や授業の中で，他者との対話によって自分の考えなどを広げたり深めたりする場面を意図的に設定する。

　・学習活動の目的に合わせて，ペア学習やグループ学習など学習形態を工夫する。例えば，思考，判断，表現をする過程で，学習形態について，「個人」→「ペアやグループ」→「全体」→「ペアやグループ」→「個人」など，最初と最後は「個人」の思考，判断，表現を中心として学習活動を展開し，他者との協働を経て最終的に「個人」の思考がどのように広がったり深まったりするかの変容を見取ることができるようにする。

・実際に音楽表現しながら確かめたり，音楽を聴いて確認したりする
など，音楽を媒体とした話し合い活動ができるような方法や場面設
定を工夫する。

・自分の思考，判断の過程や結果を伝える手段として，発言や記述な
どの言語活動を中心としながらも，必要に応じて音や楽譜，身体表
現なども活用する。

### ③ 「深い学び」を実現する視点

「深い学び」とは，見方・考え方を働かせて自分自身の課題を見付け，
思いや考えを基に豊かに意味や価値を創造していくことです。具体的に
は，知識を相互に関連付けて深く理解したり，情報を精査して考えを形
成したり，問題を見いだして解決策を考えたり，思いや考えを基に創造
したりすることです。

**「深い学び」を実現するための授業改善の視点（○）と具体例（・）**

○学びを深めるために，生徒が考える場面と教師が教える場面を意図
的に設定する。

○基礎的・基本的な知識及び技能の習得に課題がある場合には，その
確実な習得を図る。

○「深い学び」の鍵となるのが，「音楽的な見方・考え方」である。「音
楽に対する感性を働かせ，音や音楽を，音楽を形づくっている要素
とその働きの視点で捉え，自己のイメージや感情，生活や社会，伝
統や文化などと関連付けること」を，習得・活用・探究という学び
の過程の中で働かせることを通じて，より質の高い深い学びにつな
げられるようにする。

・題材の指導計画の中で，「音楽に対する感性を働かせ，音や音楽を，
音楽を形づくっている要素とその働きの視点で捉える」学習場面はど
こなのか。また，それらを生かして，「自己のイメージや感情，生活

50

や社会，伝統や文化などと関連付ける」場面はどこかを明確に示す。

## (2)「主体的・対話的で深い学び」の実現に向けた授業実践

　音楽科の指導に当たっては，「知識及び技能の習得」，「思考力，判断力，表現力等の育成」，「学びに向かう力，人間性等の涵養」について，偏りなく実現されるように，題材など内容や時間のまとまりを見通しながら，「主体的・対話的で深い学び」の実現に向けた授業実践を行うことが重要です。また，「主体的・対話的で深い学び」は，必ずしも１単位時間の授業の中で全てが実現されるものではありません。題材など内容や時間のまとまりを見通して，音楽科で育成を目指す資質・能力を身に付けることができるよう，意図的・計画的に行う必要があります。

## (3) 授業実践例

### ①「A表現」創作分野の題材・授業実践例　第１学年

**1　題材名**

　表現したいイメージをもち旋律をつくろう

**2　題材の目標**

　コード進行を基にして，表したいイメージと関わらせながら音のつながり方の特徴を理解し，それらを生かした創作表現を創意工夫して旋律をつくる。

**3　本題材における学習指導要領の指導事項**

　ア　創作表現に関わる知識や技能を得たり生かしたりしながら，創作表現を創意工夫すること。

　イ（ア）　表したいイメージと関わらせて，音のつながり方の特徴を理解すること。

　ウ　創意工夫を生かした表現で旋律や音楽をつくるために必要な，課題や条件に沿った音の選択や組合せなどの技能を身に付けること。

### 4 教材

〈本題材における旋律創作に係る課題や条件について〉

　本題材では，32鍵盤のキーボード（鍵盤ハーモニカ）を用いて，C→F→G→Cのコード進行に合わせて4小節の旋律をつくる。順次進行・跳躍進行などの音のつながり方に関する音楽的な特徴から生み出される特質や雰囲気を感じ取り，表現したいイメージと関わらせながら旋律をつくる。なお，五線譜に記譜をしながら旋律をつくり，作品を記録する。

### 5 題材の評価規準（ここでは省略）

### 6 題材の指導計画と授業の展開（全3時間）※評価については省略

| ○学習内容<br>・学習活動 | ○指導上の留意点<br>☆「**主体的・対話的で深い学び**」の視点 |
|---|---|
| ◆**第1時の目標**：音階とコード進行との関わりを基にした音のつながり方に関心をもち，イメージに合った旋律をつくる学習に主体的に取り組む。 | |
| ①中学校での創作の学習について知る。 | ○なぜ人は音楽をつくるのかといった創作の意義について考えさせる。<br>☆「**主体的な学び**」：学ぶ意義（初期） |
| ②本題材の見通しをもつ。<br>・旋律創作に取り組み，第3時に作品発表会を行うことを知る。 | ○過去の生徒作品や教師による作品を提示するなどして，生徒が本題材の学習をイメージできるようにする。<br>☆「**主体的な学び**」：題材において見通しをもつ |
| ③音符・休符・拍・拍子等について復習する。 | ○小学校で学習したことを復習し，旋律をつくるための簡単な記譜の仕方等を確認する。<br>☆「**主体的な学び**」：基礎的・基本的な技能の習得 |
| ④C→G→C（I→V→I）のコード進行を確認し，コード進行に合わせてコードの構成音のみを使用して旋律をつくる。<br>・試行錯誤しながらリズムを自由に考え，五線譜に書きながら旋律をつくる。 | ○試行錯誤しながら，コードの構成音に含まれている音を使えばよいことに気付くことができるようにする。<br>○キーボードで音を確認しながら，コードの構成音だけでつくれるようにする。<br>☆「**主体的な学び**」：本時の学びを振り返り主体的に取り組む |
| ◆**第2時の目標**：知覚・感受しながら，音のつながり方を生かして表現を創意工夫し，どのように旋律をつくるかについて思いや意図をもつ。 | |

| | |
|---|---|
| ①前時の復習と本時の見通しをもつ。<br>・コードと旋律の関係。(復習)<br>・跳躍進行の旋律の特徴。(復習)<br>・跳躍進行と順次進行の特徴を感じ取り、旋律をつくることを知る。(本時の見通し) | ○前時の授業で創作した生徒の作品を紹介し、同じ課題や条件で創作していても、一人一人の作品に違いがあり、それぞれの作品に個性やよさがあることに気付かせる。<br>○旋律における音のつながり方は、順次進行と跳躍進行の2種類しかないことを説明し、生活にあふれている音楽は、この2つの進行によってできていることに気付かせる。<br>☆「主体的な学び」：本時の見通し<br>☆「深い学び」：生活との関連 |
| ②順次進行・跳躍進行の音楽的な特徴を理解する。<br>・順次進行と跳躍進行について、それぞれの特徴とどのような感じがするかを考える。 | ○順次進行(上行・下行)と跳躍進行(上行・下行)の旋律を教師がピアノで演奏し、それぞれの音のつながり方の特徴を知覚・感受させる。<br>○音のつながり方の特徴によって、旋律の雰囲気や感じが変わることに気付かせる。 |
| ③C→F→G→Cのコード進行に合わせて、順次進行と跳躍進行の音楽的な特徴を生かし、音のつながり方を工夫して4小節の旋律をつくる。 | ○コード進行から感じ取るイメージや、音のつながり方をいろいろと試す過程で、「このような旋律にしたい」という思いや意図をもてるようにする。<br>☆「深い学び」：音楽と自己のイメージや感情との関わり<br>○キーボードを使い、左手でコードを全音符で弾きながら、試行錯誤して旋律をつくらせる。<br>☆「主体的な学び」：本時の振り返り |

◆**第3時の目標**：音階とコード進行との関わりを基にして、表したいイメージと関わらせながら音のつながり方の特徴を理解し、課題や条件に合った音の選択や組合せなどの技能を身に付ける。

| | |
|---|---|
| ①C→F→G→Cのコード進行に合わせて、コード進行の特徴を生かしながら、工夫して旋律をつくる。<br><br>・曲の最も盛り上がる部分(山場)を意識して旋律をつくる。<br>・4人一組になり、お互いにつくった旋律を発表し合い、気付いたことをアドバイスし合う。 | ○前時でつくった旋律を基にして、順次進行や跳躍進行の音のつながり方の特徴を生かして、曲の山場をどのようにするかを考え、どのような旋律にすればよいかを考えさせる。<br>☆「主体的な学び」：前時までの振り返りと本時の見通し<br>○自己のイメージと音楽的な工夫とを結び付けて旋律をつくらせる。<br><br>○旋律の音のつながり方の特徴に注目して発表し合い、お互いに意見を述べ合えるようにする。<br>☆「対話的な学び」：ペアやグループでの協働的な学び |

CHAPTER **3**

❷ 主体的・対話的で深い学び

53

| ・つくった旋律を発表し，学級全体で作品についての意見を出し合う。 | ○数人の作品をスクリーンに映し，楽譜を見ながら作品を聴き，作曲者の思いや意図と音楽的な特徴とを関連させて考えながら鑑賞させる。 |
| --- | --- |
| | ☆「対話的な学び」：学級全体での協働的な学び |
| ・自己のイメージと音のつながり方との特徴を関わらせて，旋律をつくる。 | ○学級全体で出された意見やアドバイス，分かったことを生かし，思いや意図をもち，工夫して旋律をつくる。 |
| | ☆「深い学び」：知識を統合し，思いや意図をもちつくる |
| ②本題材の学習を振り返る。 ・旋律創作の学習に取り組んでの振り返りをワークシートに記録する。 | ○できるだけ自分の作品を自分で演奏させ，自らが創意工夫してつくり上げた作品に愛着をもたせたりするなどして，創作活動の成就感や達成感を味わわせる。 |
| | ☆「主体的な学び」：本題材の振り返り |
| | ☆「深い学び」：創作活動の意味や価値の創造 |
| | ○なぜ人は音楽をつくるのかといったような創作の意義について考えさせる。 |
| | ☆「深い学び」：学ぶ意義（終期） |

. . . . . . . . . . . . . . . . . . . . . . . . . . . . . . . . . . . . . . . . . . . . . . . . . . . . . . . . . . . .

## ② 「B鑑賞」における授業実践例　第2学年

### 授業の展開（3／3時間）※評価については省略

| 【本時の目標】 雅楽の音楽の特徴とその背景となる文化や歴史との関わりを理解し，雅楽のよさや魅力を味わう。 | |
| --- | --- |
| ○学習内容 ・学習活動 | ○指導上の留意点 ☆「主体的・対話的で深い学び」の視点 |
| ①本時の見通しをもつ。 ・雅楽の音楽の特徴とその背景となる文化や歴史との関わりを理解し，批評文を書いて意見交流をしながら，雅楽のよさや魅力について深めていくことを知る。 | ○雅楽の音楽の特徴とその背景となる文化や歴史との関わりを理解し，批評文を書いて意見交流をしながら雅楽のよさや魅力について深めていくことを伝える。 ○題材のまとめとして前時までの内容を振り返り，雅楽の音楽の特徴や使われている楽器に関する学習，口唱歌を歌いながら雅楽を聴いた学習などを生かして，批評文を書くことを伝える。 ☆「主体的な学び」：本時の見通し |
| ②雅楽 平調「越天楽」を聴いて批評文を書き，我が国の雅楽のよさや魅力を味わう。 | ○前時までのワークシート等を見ながら振り返り，個々に応じてキーワードになりそうな言葉などを選び，書き方について助言をする。 ☆「主体的な学び」：前時までの振り返りを生かした学習 |

| | |
|---|---|
| ・今までの学習を振り返りながら我が国の雅楽の批評文を書き，よさや魅力を味わって聴く。<br>・ペアやグループで批評文を発表し合う。 | ○前時に口唱歌を歌いながら雅楽を聴いた活動などを振り返り，感じたことや気付いたことなどと関連させながら書かせる。<br>☆「深い学び」：知識を相互に関連付けて深く理解する<br>○2〜4人でお互いの批評文を発表し合い，新たに気付いたことや自分の感じ取ったことについて参考になる言葉や表現の仕方を生かして推敲させる。<br>☆「対話的な学び」：ペアやグループでの協働的な学び |
| ・学級全体で批評文を発表し合い，雅楽への理解を深める。<br>・雅楽 平調「越天楽」を鑑賞し，題材の最初と最後で自分の考えがどのように変化し，深まったかを考え，振り返る。 | ○数人の紹介文を発表させ，一人一人の思いや意図を全体で共有させ，雅楽への理解を深めさせる。<br>☆「対話的な学び」：対話を経て，個人の思考の深まり<br>○音楽を聴いて，雅楽に対しての自分の考えや感じ取ったことが深まったことを実感させる。<br>○最初に思い浮かべたり感じたりした雅楽の印象について，どのように変化し，深まったかを具体的にワークシートに書かせる。<br>☆「主体的な学び」：本題材・本授業を通した振り返り<br>☆「深い学び」：自分にとっての価値の創造 |

※ワークシート→ p.57

| p.46　歌曲「魔王」ワークシート | ※斜体の文字は，実際の生徒の記述を例示しています。 |
| --- | --- |

---

**鑑賞曲：「　　　魔　王　　　」　作曲者：　　シューベルト**

年　　組　　番　氏名

**◎本時の目標「　　　情景を想像しながら聴こう　　　　　　　」**

**1.** リートとは？ ＿＿＿＿＿＿＿＿＿＿ *ドイツ語による歌曲* ＿＿＿＿＿＿＿＿＿＿

聴く曲の演奏形態と
それぞれの役割は？　　*バリトン独唱*　　　＋　　　　*ピアノ伴奏*
　　　　　　　　　　　*（語り手，登場人物）*　　　　　　　　*（物語の情景）*

**2.** この曲は物語になっています。曲を次の点に注意して聴き，音楽の特徴（声の音色，旋律など）を根拠にしてあ
らすじを考えましょう。
最初と最後は語り手（ナレーター）の旋律で，登場人物は3人です。

| ・登場人物は？ | A「　　*男子*　　」　B「　　*女子*　　」　C「*女子（いじわる）*」 |
| --- | --- |
| ・どんな物語？　<br>　<br>・最後に誰が<br>　どうなった？ | *3人はクラスメイトでAとBが恋人関係。CはAのことが好きで，Aが他の女子と一緒に*<br>*歩いていたところを目撃したとBにうその報告をして2人を別れさせようとしている。それ*<br>*を聞いて怒ったBがAに詰め寄っている。AはBに対して，誤解だと弁明している。*<br>*最後は，AとBがケンカをして，別れてしまう。* |
| ・そのように<br>　考えた理由は？ | *Cの部分の後にBの部分があり，叫び声のようなものをあげているから。その後に，*<br>*Aが低くておっとりした感じの声でなだめていると思ったから。* |
| ・ピアノ伴奏は<br>　何を表している？ | *並々ならぬ怒りの感情。*<br>※実際の物語の詳細を理解させた後，最終的に以下について考えさせる。<br>　馬の走る足音　嵐の様子　激しい風雨　魔王が近づいてくる様子 |

**3.** それぞれの登場人物の旋律を聴いて，どのように表現されているかを感じ取りましょう。
音楽の特徴（声の音色，旋律など）を根拠に，どのような感じがしたかを書きましょう。
物語が進むにつれて，音楽の特徴はどのように変化していくかについても聴き取りましょう。

| 登場人物 | 音楽の特徴（声の音色，旋律など） | どのような感じがしたか |
| --- | --- | --- |
| A<br>[父] | *声の音色に関すること……暗い／低い／声の音色が一定*<br>*旋律に関すること………音の高低が少ない*<br>*他の要素に関すること……強弱の変化があまりない（強弱）* | *落ち着いている／無関心／*<br>*淡々としている／頼もしい／*<br>*どっしりしている／渋い* |
| B<br>[子] | *声の音色に関すること……高い／震えている*<br>*旋律に関すること………音の高低はそれほどないが，出てくる度にだんだ*<br>*ん音が高くなる*<br>*他の要素に関すること……だんだん強くなる（強弱）* | *おびえている／弱々しい／*<br>*悲しそう／必死／*<br>*助けを求めている／*<br>*怒っている／叫んでいる* |
| C<br>[魔王] | *声の音色に関すること……明るい／ささやいている／高い／柔らかい*<br>*旋律に関すること………流れている／滑らか／ポルタメントで歌われる*<br>*他の要素に関すること……魔王になると長調になり，最後は短調になる（旋律）*<br>*ピアノの伴奏の形が変わる（リズム）* | *怪しい／優しい／軽やか／*<br>*縁い／ささやいている／*<br>*柔らかい／最後に正体を現す* |

56

**p.54　雅楽 平調「越天楽」ワークシート**　※斜体の文字は，実際の生徒の記述を例示しています。

# 雅楽の特徴を感じ取り，よさや魅力を味わおう

年　　組　　番　氏名

## ♪ 雅楽 平調「越天楽」—管絃—

> 自分の中の和の心を再発見！　雅楽についての批評文を書き，よさや魅力を味わおう。

### ♪批評文を書きましょう。

**－1段落目に書くこと－**

①「雅楽の音楽の特徴」を踏まえて，「自分の感じたこと」と「なぜそのように感じたか（理由）」を書きましょう。その際に，口唱歌を歌って感じたことなどとも関連させましょう。

②「なぜそのように感じたか」については，音楽的な言葉や音楽用語を使って書き，〔音色〕〔リズム〕〔旋律〕〔テクスチュア〕〔形式〕〔間〕〔拍〕〔序破急〕の中から三つ以上の言葉を使いましょう。

**－2段落目に書くこと－**

③「自分が気に入ったところ」と「なぜ，日本の雅楽が1000年以上受け継がれてきたと思うか」について触れ，最後に自分の考える「雅楽のよさや魅力をどのように捉えるか」を書きましょう。

> 雅楽の音楽の特徴は……　*リズムや拍が伸び縮みすることです。この「間」がなければ，面白くないと思います。*
>
> *実際に，リズムが合っている演奏を聴いたとき，雅楽を聴いている感じがしませんでした。雅楽に合わせて口唱歌を歌いながら聴いたときも，「間」がある演奏とない演奏では，面白さが全く違いました。*
>
> *雅楽が1000年以上も前から受け継がれてきたのは，日本人が本来もっている感覚をずっと大切にしてきたからだと思います。例えば，口唱歌は口伝で伝わっているため，人を介さなければ伝わりません。目に見えない音楽を人と人とのつながりの中で伝承し，価値のあるものを大事にし，受け継ごうとする日本人の心はすごいと思います。*

### ♪友達の発表を聞いて，よい表現だと思ったところや自分の批評文に生かせることを書きましょう。

※省略

### ♪「雅楽」を一言で表現すると？

①最初に聴いたときに感じたことは？

> *記述例1：バラバラ*
> *記述例2：うるさい*

⇨

②最後に聴いたときに感じたことは？

> *記述例1：奥深い*
> *記述例2：やすらぎ*

### ♪ 最初に聴いたときに感じたこと（①）と，最後に聴いたときに感じたこと（②）を比較して，曲に対する感じ方や音楽に対する深まりを具体的に書いてみましょう。

> *記述例1：最初はただ，音がそろっていないバラバラな音楽かと思いましたが，最後にはそれが雅楽のよさや魅力であり，奥深さであると感じました。*
> *記述例2：正直言って篳篥の音色は苦手でしたが，他の楽器と重なったときにやすらぎを感じ，やみつきになりました。*

## 3

# カリキュラム・マネジメント

## (1) 発想の転換から

　ここまで述べられてきたように，新学習指導要領では，今後取り組む
べき授業改善の方向性は具体的につかみやすくなったように思われま
す。しかし，その実行はそんなに簡単なことではないようです。

　指導すべき内容の変更というよりは，その内容の更なる充実・深化と
いう今回の改訂を考えるとき，音楽科の教師だけで課題解決に向けた取
組を進めていくことは困難でしょう。そして音楽科の教師自身が，自校
の音楽の授業を組み立てる際，音楽の授業改善を目指すとともに，音楽
科という教科の枠を超えたより広い視野をもち，これまでとは発想を大
きく転換する意識が必要ではないでしょうか。

　ここでは，「カリキュラム・マネジメント」の観点から，音楽科の授
業改善を進めるために何をすべきかを考えていきます。学校経営の立場
で，できること，すべきことを考えていきますが，その視点は，管理職
に限るものではありません。全ての教職員の教科経営において求められ
る視点であると考えます。

## (2) 学校教育目標の見直し

　まずは，学校教育目標を見直すことから始めます。教育課程全体で育
成を目指す資質・能力の三つの柱を視点に，学校教育目標が「よりよい

社会と幸福な人生の創り手となる力」を育むための目標としてふさわしいかどうかを検討し，必要に応じて見直していくということです。これは教科の指導計画を見直すことにもつながります。学校教育目標の達成に向けてどのように教科の指導を進めていくか，教科の目標に基づきつつ学校として各教科指導計画を見つめ直し，練り直すことが大切になるのです。そのことが，生徒が教科としての音楽を学ぶ意義を認識することにつながるのではないでしょうか。

## （3）教科等横断的な視点での取組

　各教科等や各学年間の関連など，様々な形での横断的な学習を考慮して指導計画の作成を進めるに当たって，音楽科としてはどのような取組の可能性が考えられるでしょうか。

　これまでも，総合的な学習の時間や特別活動等と関連をもたせながら，それぞれの学校の実情に応じた指導が進められてきているはずです。儀式的行事，特に卒業式における合唱や，校内合唱コンクール等の指導など，どの学校においても，年間を通して合唱を中心とした表現活動への取組のウェイトはかなり大きいでしょう。その取組の全てを音楽科の限られた授業時数における指導でカバーすることは不可能ですから，基本的指導は音楽科で扱い，発展的な部分は学級や学年での特別活動等の時間，もしくは総合的な学習の時間を活用した取組で補っているというのが実情でしょう。もちろん，それぞれに取組のねらいは明確にされているでしょうし，ただの時数合わせではないはずです。年間の指導計画にもしっかりと位置付けられているでしょう。しかしながら，これからはもっと積極的に，音楽科の教師自らが教科等横断的な視点で指導内容を組み立てていく「攻めの姿勢」で臨むことが求められるでしょう。

　また，育成を目指す資質・能力の三つの柱の一つ「学びを人生や社会に生かそうとする『学びに向かう力・人間性等』の涵養」については，「特別の教科 道徳」との関連を図りながら進めていくよう，年間指導計画

の中に位置付けることが考えられます。これは，新学習指導要領の「第
3　指導計画の作成と内容の取扱い」1の(6)にも明記されています。

　さらに，言語活動に関しては国語科との関連も考えたいものです。「音
や音楽及び言葉によるコミュニケーションを図り，音楽科の特質に応じ
た言語活動を適切に位置付けられるよう指導を工夫すること」と示され
ていますが，そもそもこの「言葉によるコミュニケーション」に困難を
感じる場面が，日常の学校生活において多く見受けられる現実がありま
す。音楽科では，実際の表現と重ねながら，言葉で表したことを音や音
楽との関わりの中で補ったり比べたりして確認することが，「音楽科の
特質に応じた言語活動」となるでしょう。批評し合うにしても，言葉の
やり取りに終始するのでは音楽の学びとは言えません。その根拠や対案
を，きちんと音楽表現に置き換える活動があって初めて，音楽の学びと
なり得るのです。そのことを踏まえた上で，音楽科としての言語活動を
国語科の指導と関連付ける工夫も考えていきたいものです。

　また，表現及び鑑賞の各領域において，音楽の背景となる文化や歴史
などに関する理解が，曲の捉え方や表現を深めること，音楽に対する価
値観や視野の拡大を図ることにつながります。例えば，社会科との関連
を進めることで，その音楽文化を育んできた歴史やそこに生きる人々の
暮らし等への学びを深めていくこともできるでしょう。

　保健体育科との関連も考えられます。「知覚したことと感受したこと
との関わりを基に音楽の特徴を捉えたり，思考，判断の過程や結果を表
したり，それらについて他者と共有，共感したりする際には，適宜，体
を動かす活動も取り入れるようにすること」という配慮事項を踏まえて，
保健体育科のダンスの学習と関連させながら，フレーズのまとまりや曲
想の変化等から感受した心の動きを自由に体の動きで表したり伝えよう
とすることは，「音楽の特徴を捉えるための有効な手段となる」のです。

　上に挙げたものの他にも，様々な取組が考えられるはずです。音楽科
の教師は，ほとんどの場合，各学校に1名という少数派です。でも，主
要な学校行事を表現活動の指導で支える重要な存在です。新学習指導要

領完全実施に向けた教科指導計画の見直し・作成に当たり，もっと積極的に他教科等との関連を主張していくべきではないでしょうか。

## （4）常に授業改善に取り組み続ける姿勢をもって

音楽科の教師の多くは，自らが学んできた音楽の専門性を土台にして授業づくりを続けてきていると思いますが，得てして一旦固まった授業づくりの「型」を，なかなか手放すことができないものです。保守的な姿勢が強まってしまうのです。「新たなものを学んで取り入れる」ことに消極的になってしまいます。「できない理由」を探すことばかりが先行してしまい，「試してみよう」と腰を上げにくくなるものです。

前項で触れたように，教科等横断的な視点をもって各教科が関連し合いながら指導計画を練り上げる場合，ＰＤＣＡサイクルによる計画・実行・評価・改善の流れを常に意識する必要があります。生徒の実態にしっかりと目を向け，教科の目標，ひいては学校教育目標の実現に向けた授業内容になっているかを常に検証し，課題が見付かれば解決の手立てを検討して，新たな授業づくりに取り入れていく…そんな教科マネジメントサイクルの確立が必要です。生涯学び続け深化する教師（イノベーティブ・ティーチャー）として，不断の授業改善の取組を進めるために行動していきたいものです。

とはいうものの，学校に１名しかいないの音楽科の教師の「孤軍奮闘」は，なかなか辛いものがあります。そのようなときこそ，学校の枠を超えた，地域の各学校間での「横のつながり」が重要になってきます。気軽な情報交換の場で，それぞれの課題を共有し，そこで得たアイディアを自校に持ち帰って自身の取組に生かしていく…そのような場の設定も大切になります。地区の教育研究会等，教職員の自主的な研修組織としてそのような場は既にあると思いますが，それに留まらず，学校運営上必要な場として，公的に位置付けられるべきだと考えます。学校教育目標の実現に向けた教育課程編成を下支えするものとして，その組織化を

目指すことも大切ではないでしょうか。

## (5) 計画・実践・評価・改善（見直し）の地道な繰り返しを

いわゆるＰＤＣＡサイクルによる学校改善については，これまでも各学校において行われてきており，取組として定着していることと思います。教科指導に関しても，気付いた課題点や授業実践の中での変更点等を教科の年間指導計画に朱書きで書き込むなどのことは行われているでしょう。しかし，年度末事務処理の恒例行事のようになってはいないでしょうか。次年度の指導計画の見直しに，着実に生かされてきているでしょうか。

今，改めて，教科指導においてＰＤＣＡサイクルが定着していたかどうかを問い直す必要があります。更に言えば，ＰＤＣＡＣＡＣＡ…と，評価・改善を繰り返し，積み重ねることが，とても大切になると思います。今後の新学習指導要領完全実施に向けた移行期間では，「主体的・対話的で深い学び」の実現に向けた授業改善を進めていくことが求められます。その際，学習の質を一層高めるためには，生徒や学校の実態等をきちんと踏まえた上で，授業そのものの進め方，指導の手立て，活動の在り方はもちろんのこと，題材設定の在り方等についても評価・改善を進めていくべきでしょう。

「音楽的な見方・考え方を働かせる」学びの活動になっているかという視点で，地道にＰＤＣＡＣＡサイクル（あえてこう呼びます）による授業改善を進めていきたいものです。

## (6) 学校内外の教育資源の活用

新学習指導要領では，「生活や社会の中の音や音楽，音楽文化と主体的に関わっていくことができるよう配慮すること」とされ，学校内及び公共施設などの学校外における音楽活動とのつながりを生徒が意識できる

ようにすることなどが示されています。「解説」の中では，総合的な学習の時間や学校行事における諸活動，課外活動などにおいて歌を歌ったり楽器を演奏したり，音楽を聴いたりする活動などが，学校内における音楽活動として示されています。そして，公共施設などの学校外における音楽活動としては，生徒が行うもののみでなく，音楽ホール等で催される演奏会などが示されています。

　学校内の音楽活動としては校内合唱コンクールや合唱・吹奏楽等の部活動の取組が挙げられますが，その他にも，文化祭での音楽発表や，学級のテーマソングづくり，運動部への歌声での応援活動，卒業式での学年合唱等，様々な音楽シーンが考えられます。他教科の教師にも，音楽に関連した特技をもっていたり，学級合唱等の指導に秀でていたりする人もいるはずです。このような機会や人材は，音楽科にとって校内の貴重な教育資源となり得るのです。

　学校外の音楽活動としては，地域の福祉施設での合唱訪問交流や，地域イベントへの参加なども考えることができます。音楽ホール等での演奏鑑賞でなくとも，地域の人々の音楽（芸能）活動に接することや，その活動にメンバーとして関わることも考えられます。

　また，新学習指導要領では，「生徒が我が国や郷土の伝統音楽のよさを味わい，愛着をもつことができるよう工夫すること」と示されています。実は，この事項の実現はなかなか大変なことだと思います。「愛着をもつことができる」という姿を考えたとき，そのハードルはかなり高いものです。年間で，第1学年で45時間，第2・3学年でそれぞれ35時間という限られた授業時数の中で，和楽器による表現活動に充てていた時間を考えると，これまで以上にどのようにしていけば「愛着をもつことができるよう工夫する」ことができるのかと不安ではないでしょうか。だからこそ，（4）の項でも触れたように，より一層「横のつながり」を密にしての情報交換，課題の共有と対案検討の機会が大切になってきます。

　また，もちろんこれまで以上に音楽科の教師自身が，取り扱う和楽器への理解と演奏技能向上に努めることは必要でしょうし，地域人材の活

用も視野に入れ，積極的に外部の力を取り入れた授業展開が必要になってくると考えます。地域の邦楽関係団体や，伝統芸能に取り組んでいる人々など，積極的に外部に目を向けていくことも重要です。取り扱う和楽器自体についても，単に「扱いやすいから」選択するのではなく，その和楽器を取り扱うに当たってのねらいや「愛着をもつことができるよう工夫する」見通しを明確にしていかねばなりません。

　このように，学校外での音楽活動の様々な機会や地域人材などは，音楽科にとって校外の貴重かつ重要な教育資源となるのです。

　ただし，外部の教育資源，人材を活用するに当たっては，授業者がしっかりとコーディネートしなければなりません。これまでにも増して，題材のねらいを明確にし，授業展開における手立てを吟味する必要があるということを，ここで確認しておきたいと思います。


## (7) 学校段階間の接続について

　新学習指導要領の「総則」では，「学校段階間の接続」について，「義務教育学校，小学校連携型中学校及び小学校併設型中学校においては，義務教育9年間を見通した計画的かつ継続的な教育課程を編成すること」と示されています。そして「音楽」では，「第3　指導計画の作成と内容の取扱い」の2の(5)において，「読譜の指導に当たっては，小学校における学習を踏まえ〜」と示され，小学校音楽科における読譜に関する学習との関連を図った指導を工夫することが求められています。

　中学校における音楽科の指導の中で，小学校との関連が大切だと切実に感じられるのは，この読譜指導についてではないでしょうか。残念ながら我が国の義務教育においては，系統的な読譜指導が行われているとは言えない現状があります。

　そこで，(4)の項で触れた，地域の学校間の「横のつながり」を，「中学校区内の小中学校の教科担当としてのつながり」と置き換えてみてはどうでしょうか。全ての小学校に音楽専科の教師がいるわけではないと

いう現状を考えると，中学校区内の教科担当者会の中で，中学校の音楽科の教師がリーダー的役割を担い，率先して義務教育9年間の指導計画づくりに取り組むことも必要と言えるでしょう。

　また，同じく「総則」では，「高等学校教育及びその後の教育との円滑な接続が可能となるよう工夫すること」と示されています。ただし，音楽科については，高等学校によって様々な形（教育課程に含まれないことも含め）があるため，高等学校への接続を意識した中学校での指導はイメージしにくいでしょう。「中等教育学校，連携型中学校及び併設型中学校においては，中等教育6年間を見通した計画的かつ継続的な教育課程を編成すること」とも示されており，この点では発展的な形で接続が図られていくことになるでしょう。

CHAPTER 4

# 従来の学習指導の発展として

**| 総論** …………………………………… 68

❶ 学習指導要領の歴史に学ぶ………………… 71

❷ 成果の上がっているものは大切に ………… 78

❸ 〈これまで〉を〈これから〉につなぐ ………… 80

CHAPTER 4

# 総論

## ● 教育の営みは本来不易なもの

　全国の各中学校では2021年度から新しい教育課程による教育が全面的にスタートする予定になっています。その際に各学校が自校の教育課程の編成を行うに当たっての基準となるものは「学習指導要領」であり，今回告示されたものは，昭和22年に初めて〈試案〉として示された「第1次学習指導要領」から数えて8度目の改訂に当たる「第9次学習指導要領」ということになります。

　教育の営みはまさにその文字が表す〈教え育てる〉という意味において本来不易なものであります。

　平成18年，ほぼ60年ぶりに「教育基本法」が改正されました。この法律は日本国憲法の精神にのっとって，昭和22年に初めて公布されたものであり，教育の目的を明示して我が国の学校教育をはじめ，諸種の教育についての基本原理を規定しています。改正前の「教育基本法」の〈前文〉の末尾には，「ここに，日本国憲法の精神に則り，教育の目的を明示して，新しい日本の教育の基本を確立するため，この法律を制定する。」と示されています。改正後のものを見ると，その〈前文〉の末尾にも「ここに，我々は，日本国憲法の精神にのっとり，我が国の未来を切り拓く教育の基本を確立し，その振興を図るため，この法律を制定する。」とありますので，この法律の制定の意義に変更はなく，教育は法律的な流れの上から見ても連綿とした不易な営みであることを読み取ることができます。ただそ

の一方で改正後の「教育基本法」の文中には「未来を切り拓く」という文言が付加されていますので，そうしたところには60年余りの時の流れが象徴的に表れているのを感じます。

人間社会は日進月歩を続けています。しかもその発展の度合いは著しさを増してきています。そのような時流の変化とともに社会全体として教育に求めてくるもの，さらには教育の力に寄せる期待感のポイントに多少の変化があっても不思議ではありません。そのようなことも視野に入れて，変動し続ける社会全体からの期待に応えるようにすることも，教育の果たすべき使命の一面であると言えます。

近代国家としての日本国の成立に大きく貢献をしてきた教育は，本来もつ望ましい人間形成という使命を果たす傍らで，その時々に応じた役割をも担うことにより，社会の要請にこたえ続けてきましたし，これからもそうあり続けることになります。「学習指導要領」の改訂は，このようなこととの大きな関わりの中で行われるものであります。

## ●「学習指導要領」の改訂とは

「学習指導要領」の改訂は，昭和22年から現在までにほぼ10年間隔で8回にわたって行われてきました。現行の「第8次学習指導要領」は平成20年に告示されています。世の中の変化や発展に伴う社会全体の改革の気運が，おおよそ10年ごとくらいのサイクルで高まってくるものなのでしょうか…。

まず一般論としての〈改訂〉という言葉についてですが，そのもつ意味は辞書によれば「本の内容を改め直すこと」とあります。さらに〈改〉という字には「直す」「よくする」などの意味があるということですから〈改〉の字はおおむね「直してよくする」という意味で使われています。〈改良〉〈改装〉〈改築〉など，身近なところでも目に付く言葉が多くあります。「学習指導要領」の場合も，当然内容の改善を前提とした〈改訂〉であることは言うまでもありません。

次に「学習指導要領の改訂」それ自体に的を絞ります。ここで私たちが着目をして押さえておきたいのは，これが〈新出〉ではなく〈改訂〉であるということです。つまり，直しの対象になる元のものが存在するということであり，黒のものが白に変わってしまうような大きな変化はまず起こらないということです。「学習指導要領」が改訂になるといっても特別に難しい何かが起こるというわけではないので，必要以上に大上段に構えて受け止める必要はないのです。だからといって，「学習指導要領の改訂」を単なる現象把握程度の軽い意識でしか捉えないというのも困ります。仮に改訂になった中身が現行のものと大きく変わるところがなかったとしても，それはそれで〈なぜそうなのか…〉，新出事項が置かれているケースでは〈それは何を意味しているのか…〉というように，その真意を見極め直すという姿勢をもつことが大事です。

　〈改訂〉に対して必要以上に過敏に反応して神経をとがらせて構えてしまう様子を見受けることがありますが，そうしたことが，えてして小に先走って大を見逃してしまう結果に陥ることになってしまうのです。〈改訂〉の時期にはその趣旨を十分に理解した上で，新教育課程のスタートに向かって慎重に準備を進めるようにすることが大事です。今回の場合も2021年度からの新教育課程全面実施を迎えるまでには，まだ十分な時間の余裕がありますから，これまで行ってきた学習指導をベースに置いて新しい音楽科の指導計画をよりよく練り上げていくようにしましょう。

**①**

# 学習指導要領の歴史に学ぶ

## (1) 産声を上げた「学習指導要領」

　明治5年にスタートした我が国の公教育は，時の流れを映しつつ幾度もの変遷を経ながら営々と実績を積み上げて今日に至っています。その間において教育制度の上で最も大きな変革があったのは，何と言っても昭和22年のことであります。

　昭和20年に太平洋戦争が我が国の敗戦によって終結し，日本の国全体が新たな時代を迎えることになりました。アメリカによる占領政策に従う中で，教育面でも昭和21年に発表された「アメリカ教育使節団報告書」の指示により，民主主義的な教育への衣替えが始まりました。当時の人々にとってこのときばかりは，それこそ黒が白に変わるような戸惑いを感じたであろうことが容易に想像できます。

　戦後，我が国の憲法も改められました。昭和21年11月3日には新しい「日本国憲法」が公布され，6か月後の昭和22年5月3日から施行されました。

　次いで昭和22年3月には日本国憲法の精神に基づいて「教育基本法」が制定されます。この法律の第1条で日本の新しい〈教育の目的〉が次のように示されました。

　「教育は，人格の完成をめざし，平和的な国家及び社会の形成者として，真理と正義を愛し，個人の価値をたつとび，勤労と責任を重んじ，自主的精神に充ちた心身ともに健康な国民の育成を期して行われなければな

らない。」

　前述のように，この法律は平成 18 年にほぼ 60 年ぶりに改正されました。ちなみに，「教育基本法」改正後の第 1 条〈教育の目的〉を見ると，次のように示されています。

　「教育は，人格の完成を目指し，平和で民主的な国家及び社会の形成者として必要な資質を備えた心身ともに健康な国民の育成を期して行われなければならない。」

　当初のものと比べてみると，当然のことながら我が国の教育の目的は，ベーシックな部分において不変であることが分かります。

　「教育基本法」に続いてこれに関連する諸法が次々に公示されますが，それらの中の「学校教育法施行規則」（昭和 22 年 5 月公布）の第 54 条の 2 に〈教育課程の基準〉として，

　「中学校の教育課程については，この章に定めるもののほか，教育課程の基準として文部大臣が別に公示する中学校学習指導要領によるものとする。」

　とあり，これに従って文部省（現在の文部科学省）が「学習指導要領」の作成を進めて刊行します。「学習指導要領」はこうした流れの中で生まれるべくして生まれたものなのです。


## (2) 緩やかに脱皮を繰り返す「学習指導要領」

　70 年余り前に初めてつくられた「学習指導要領」は，〈一般編〉と〈教科編〉とに分けて刊行されました。その後ほぼ 10 年ごとの改訂を経て今日に至っているわけですが，この場でそれらの全てをつぶさにたどってみるだけの紙幅はありません。そこで，時の流れに沿いながら，その時々に現れている特徴的な部分について簡略に述べつつ，その横顔をのぞいてみることにします。

「第 1 次学習指導要領〈試案〉」（昭和 22 年）

戦後の混迷期に刊行された手引き書的な性格のものです。そのため，本文の中に説明文が記されていたり，巻末には教材一覧が掲載されていたりしています。今で言う学習指導要領の「本文」と「解説」と「指導資料」とが合体したような体裁になっています。記述の仕方は別として，内容的にはたいへんすばらしいものになっていて読み応えがあります。美的情操を養うことを強調していますが，音楽教育が情操教育のための手段としてあるのではなく，真に音楽を楽しめるようになることを目指して音楽教育を進めることにより，結果的におのずから情操も養われることになるという考え方の下に，音楽教育を音楽の本道に導いたことの意義は絶大であると言えます。

　学習領域的には「歌唱」「器楽」「鑑賞」「創作」に分けて第1学年から第9学年までが1冊にまとめられており，それらのうち第7学年から第9学年までの部分が中学校に相当するところになっています。

「第2次学習指導要領〈試案〉」（昭和26年）

　小学校用と中・高等学校用とが別々に刊行されています。「改訂版」と銘打って「第1次学習指導要領」の補完に努めているので〈試案〉とはいえ，内容的には充実度がぐっと高まっています。学習領域的には「表現」（歌唱と器楽の2分野）「鑑賞」「創作」「理解」の四つに分けて内容を示しています。

「第3次学習指導要領」（昭和33年）

　国家基準としての意味をもつ「告示」として示されるようになりました。これまで分冊だった〈一般編〉と〈教科編〉とを合わせて1冊にまとめられ，〈総則〉〈各教科〉〈道徳〉の三つの章立てになっています。

　音楽科の指導内容は「表現」と「鑑賞」の2領域に整理され，「表現」の中身はさらに「歌唱」「器楽」「創作」の3分野に分けて示されています。そしてその示し方も，〈試案〉のときに記されていた説明文や資料などは削除されて，別立ての出版物のほうに移されました。取り扱う教

材として目を引くのは，新たに「鑑賞共通教材」と「歌唱共通教材」が示されていることです。これは「目標」の中に「わが国および世界のすぐれた音楽に親しませ」とあり，音楽活動を実質的に盛んにしたいという願いの表れの一つとして捉えることができます。全体として，これまでの手引き書的な性格を帯びたものから脱却し，すっきりとしたものにまとまっています。

「第4次学習指導要領」（昭和44年）

　基礎指導を充実するという観点から，学習領域として新設の「基礎」が加えられ，「歌唱」「器楽」「創作」「鑑賞」とともに5領域に分けて内容が示されています。また，〈我が国の音楽〉に関する指導にも力点を置いていることが分かります。各領域ともきめ細かく，丁寧に記述されているのが目に付きます。

「第5次学習指導要領」（昭和52年）

　指導内容を精選集約するという観点から，学習領域を「表現」と「鑑賞」の2領域に戻して示しています。さらに，「表現」の中身は活動分野別に細分することなく，表現活動全体を大きな括りにして指導しやすくするように配慮されています。このことは学習指導において教師の創意工夫を生かしやすくするということをもねらっています。

「第6次学習指導要領」（平成元年）

　基本的には「第5次学習指導要領」を踏襲しています。「教科目標」では「音楽に対する感性の育成」が強調され，「学年目標」は第2学年及び第3学年を一つにくくって示し，2年間をかけて音楽的に豊かな学習をたっぷりと進められるよう配慮されています。

「第7次学習指導要領」（平成10年）

　基本的に「第6次学習指導要領」からの流れを汲みながらも，更に充

実したものにまとめ上げられています。「目標」では，幅広い音楽活動を通して音楽を愛好する心情を育てることを第一義としています。具体的な内容としては「歌唱」「鑑賞」とも「共通教材」の設定を取りやめているのが特筆すべき点です。

「第8次学習指導要領」（平成20年）

　「教科目標」の一字一句が第7次の「学習指導要領」のそれと変わっていません。したがって，当然指導内容も基本的には従前どおりになっています。

　音楽の活動を目的に沿ってしっかりと進める上で大事な関わりをもつ事柄を〔共通事項〕という形でまとめて見やすく示しているのが目に付きます。これによって，目指している方向がよく分かるすっきりとした音楽活動が活発に行われるようになりました。〈創作〉や〈我が国の音楽〉の指導にも引き続き力点が置かれています。

　今回の「第9次学習指導要領」の顔については，本書のCHAPTER1〜3の中で既に見えてきているので重複は避けますが，教科の目標を見ると，従来の考え方をベースに置きながらも，更に広く深い音楽活動を通して人間性豊かな生徒の育成を目指そうとする息吹のようなものが感じられて楽しくなります。また，各学年とも「主体的・協働的に表現及び鑑賞の学習に取り組み，音楽活動の楽しさを体験する」という文言が使われているのが目に留まります。音楽では協働でまとめ上げていく活動はごく普通に行われることですが，改めて文言として目標文の中に入れてあることには，大きな意義があると思います。教師の工夫や裁量によって，個のもつ力に応じて個を生かせる学習の場面が多くなるであろうことが期待できそうだからです。

　以上70年余りの間，緩やかに脱皮を繰り返しつつ，時流に即したガイドの役割も果たし，音楽科教育の心柱としてあり続けてきている「学習指導要領」の横顔を少しだけのぞいてみました。

## （3）過去と未来をつなぐ「学習指導要領」

　このようにほぼ 10 年ごとの改訂で化粧直しをしている「学習指導要領」ですが，それらの中の「教科目標」に改めて目を通してみると，よく目に留まる言葉がいくつかあるのに気付きます。例えば〈豊かな情操〉〈音楽を愛好する心情〉〈音楽に対する感性〉〈音楽活動の基礎的な能力〉などがそれです。

　言うまでもなく音楽科の「学習指導要領」の心柱は，これらのものが合わさって形づくられているわけです。無論，心柱の周辺にある支柱やそれに施される装飾などに相当する部分については，改訂の作業が進む中で若干の様変わりが見られることがありますが，それは音楽科教育が弛みなく成長を続けていることの証しと見てよいわけであり，心柱そのものは不動であります。このようなことからしても，「学習指導要領の改訂」は過去を否定して新しいものに切り替えようとするものではないことが分かります。前述の言葉で言うならば黒が白に変わってしまうことはないということです。

　ただ，そのことよりもここで再度強調しておきたいのは，〈心柱は不動である〉ということです。つまり，音楽科教育が目指すところは，ベーシックな部分において常に不変であるということです。少なくとも「学習指導要領」を基準にした音楽科教育がスタートしてからの 70 年余りはそうでありましたし，この先，将来にわたっても同じことであろうと思います。

　私たちはこうした長い時の流れの中の一齣において，音楽科教育における不動の理念をどのように受け止め，実際の音楽活動を通してどのような形で表していくのかを，学習指導を通した様々なパターンで具現化しようとしているわけであります。

　先人たちの残した貴重な実績を引き継いで自分の実践の中に生かし，更に醸成して未来の人たちに引き継いでいく。このことが「学習指導要領」の心柱を未来にわたって不動のものとしていくのであり，ひいては

音楽科教育に揺るぎない未来をもたらすことになるのです。

　いずれにしても改訂することの意義は，〈これまであったものをより
よいものに手直しして，更なる発展につなげる〉というところにあるわ
けですから，これに対して必要以上に過大な反応をしすぎて，勇み足を
踏むようなことがないように気を付けたいと思います。

　各々がこれまでの音楽活動の中で大切に積み上げてきたものを土台に
してじっくりと構え，新しく示された内容があれば，それをどう受け止
め，それにどう取り組んでいくのか，また，少しでも幅広く豊かな音楽
活動を体験するために必要な音楽力をどう育てるようにするのかという
方策を，ゆっくりと考えるようにしたいと思います。

## 2

# 成果の上がっているものは大切に

### ● 音楽科教育としての全体像を保持

　「学習指導要領」の改訂は，中央教育審議会の「答申」の意を体して
進められますが，前にも述べたように〈改訂〉を耳にすると，時には必
要以上に過大な反応を示すことがあるようです。その結果「いい」か「悪
い」かだけの単純な2極で判断をして先走ってしまったり，思考の傾向
が思い入れの強い方向のみに偏ってしまい，教科全体を見る目が甘く
なってバランスをくずすなどのことが往々にして見られたりするように
なります。

　過去の経過を振り返ってみても，例えば第3次（昭和33年）での「共
通教材」の設定，第4次（昭和44年）での領域「基礎」の新設及びこ
の年以降における〈我が国の音楽〉についての指導の強化，第6次（平
成元年）の小学校における「音楽をつくって表現」する活動の導入など
の際には，「突っ走り派」と「無関心派」とに大きく分かれたりしたこ
とがあり，その都度混乱には陥らないまでも，一時的には音楽科教育全
体のバランスがくずれかけそうになる様子がうかがえることもありまし
た。

　「第8次学習指導要領」（平成20年）を作成中の平成18年に「審議
会情報」として中央教育審議会の初等中等教育分科会教育課程部会から，
「音楽科，芸術科（音楽）の現状と課題，改善の方向性〈検討素案〉」が
公表された際にも，課題の中の一文に「歌唱の活動に偏る傾向」がある

ことや，特に「創作」と「鑑賞」の充実が求められていることが発表されると，すぐに「先走り反応」が現れて揺れ動いたりしたことがあったものです。

〈改訂〉の内容を見据えて「告示」の中身を予測し，早くからゆっくりと心の準備にかかることは決して悪いことではありませんが，「歌を歌ったり，合唱をしたりすることは控えめにしよう」と短絡的に思ったり，「創作」や「鑑賞」の活動だけに目が吸い付いてしまい，そのことへの対応で血眼になるといったような考えが起きるようであれば，音楽科教育の活動そのものにアンバランスが生じる可能性が出てくるので，それは危険です。こうした傾向は大なり小なり〈改訂〉の度に現れることが多いので戒めるようにして，音楽科教育としての全体像をゆがみなく保持し続けるためのバランスの調整を常に心掛けておくようにしたいものです。そして，これまで続けてきた活動で成果を上げてきていたものについては，躊躇なくこれからも続けていくべきです。

とかく，あることの成果が上がると，それにつれてもっと伸ばしたいとか，更に深めたいとかいったような意欲が高まってきて，ついその活動一筋にのめり込んでいってしまうというようなことはよくあることです。先の「審議会情報」の指摘も，当然そのあたりのことを含めて言っていたものであったのだと考えられます。

現に成果の上がっている活動は，ぜひそのまま大切に育て続けていくと同時に，音楽科教育としての全体像をゆがみなく保持し続けるためのバランスの調整にも常に留意すべきであることを，再度願いたいと思います。

# 〈これまで〉を〈これから〉につなぐ

　この CHAPTER 4 では，従来の学習指導の延長線上に立ち，そこからの目線で「学習指導要領」の〈これまで〉をいくつかのポイントから見てきました。

　昭和 22 年に〈試案〉という形で示された「第 1 次学習指導要領」に始まり，平成 29 年に告示された「第 9 次学習指導要領」に至るまでの70 年余りの間に刊行された，音楽科の「学習指導要領」の全てに目を通してみると，そこに刻み込まれている年輪にも似た風格のような重みがひしひしと伝わってきて，感慨深いものがありました。

　同時に，充実した姿に発展してきている音楽科教育の今があるのは，「学習指導要領」が発し続けてきた貴重なメッセージを十分に咀嚼した上で，そこに込められている真の意味を，違うことなく吸収して指導計画の作成や学習の場での指導において，目に見える形に具現化して表してきた，先人たちの努力の賜物であることを改めて思います。一見当たり前のようである〈これまで〉を〈これから〉につなげる好循環を，しっかりと意識の底に置いておくことの大切さを今更ながら強く感じたことでした。

　前にも述べたとおり，「第 5 次学習指導要領」（昭和 52 年）から「第 8 次学習指導要領」（平成 20 年）までの間は，ほぼ同じスタイルの「教科目標」の下で，地味ながら着実に音楽力を高めることに重点を置いた指導に専念してきたと言えます。〈これまで〉のその成果を更に伸ばし，広げ，深める方向を目指すのが今回における〈これから〉のメインテーマになるのだろうと思います。じっくりと腰を据えて〈これまで〉を受

け取ってほしいと思います。

　「第9次学習指導要領」(平成29年)の教科目標を見てみると，ベーシックな部分では〈これまで〉をしっかりと継承していながらも，全体の構成，使われている文言等を含め，述べられている内容は音楽性の面で明らかに〈これまで〉を越えており，〈これから〉の音楽科教育の更なる充実，発展に対する期待が大きく膨らんでくる気持ちになります。この先も，受け継いだ貴重な財産としての〈これまで〉を，新しい〈これから〉にしっかりとつないでいってほしいと願っています。


　最後に，〈これまで〉を〈これから〉につなぐ上での〈これまで〉の中で，平素一抹のもの足りなさを感じている点の一つである〈学習指導計画〉について，本書出版の本来の主旨からは少々はみ出すことになりますが，一言触れてこのCHAPTERを終わることにします。

　前に述べたように昭和52年改訂の「第5次学習指導要領」から平成20年改訂の「第8次学習指導要領」に至るまでのほぼ40年余りの間は，基本的に同一の教科目標の趣旨に沿って着実に学習指導が進められてきました。こうして積み重ねられてきたその成果の表れとして更に充実度を増した形で登場してきたのが，平成29年改訂の「第9次学習指導要領」であると言えます。そこでこの流れの出発点となった第5次改訂時の状況をちょっと振り返ってみることにします。

　第5次改訂作業での大きな眼目の一つに，全ての教科領域等とも，指導内容の徹底した精選を図り，量を減らすということがありました。その前の第4次改訂では基礎の力の底上げが改訂における眼目の一つになっていましたので，内容の記述が丁寧になった分だけ全体量は多くなっていたということもあったのだと思います。音楽科では，まず初めに「教科目標」は簡潔明瞭な主文のみを示すに留めています。また各学年に7項目ずつあった「学年目標」も，それぞれ2項目ずつに減らしています。「内容」に関しては，第4次改訂では五つあった学習領域を二つに集約して示しています。

以後 40 年余りにわたり〈これから〉に受け継がれてきた「第 5 次学習指導要領」音楽科の「教科目標」は，このような背景の中から生まれてきたのです。表記の仕方の上で若干の入れ替え等があったとはいえ，教科そのものの本質は変わっていないので，その意を体して設定された指導内容も当然大きく変わってはいません。したがって，安定した状況の中で学習指導に打ち込める環境は整っていたわけですので，その間に音楽科教育の質の高さ，深さが培われてきたのは成るべくして成ったものと考えられます。またそうした流れの中で多くの教師が指導計画のもつ意味の重要さに改めて気付き，そのことに関する研究が深まったという大きなメリットも生み出されました。枝葉を剪定（せんてい）し，主要な幹をしっかりと固める形で構成されている「学習指導要領」の内容を，効率よく指導するにはどのような工夫をすればよいのかなど，新たな課題が山積してくる中で活路となったのは，〈題材による指導計画〉の推進でした。今でこそこのことは定着しつつありますが，決して多くはない年間の授業時数の中で，設定した題材について「表現」「鑑賞」の領域に示されている内容を組み合わせ，総合的に指導することによって，体得させたいねらいに迫っていくという考え方に馴染むまでには，頭の切り換えに多くの時間を要しています。小学校では音楽専科ではない学級担任の教師が授業において指導に当たるケースがごく普通のことになっている関係もあり，指導計画の作成に対しての切実感が大きかったためか，早い時点からこのことについての研究への取組が進みましたが，中学校ではまだまだ工夫の余地があるはずです。ついでながら総合的な指導の重要性については第 1 次，第 2 次の「学習指導要領〈試案〉」においてもすでに触れられているので，改めて目通ししてみることを奨めたいと思います。いずれにしても決して多いとは言えない配当授業時数の中で「学習指導要領」の趣旨に沿った指導をしていくのには，中学校における〈題材による指導計画〉のあり方について，一層研究を深めてみる必要があると思われます。

　小学校音楽科での実践成果を受けての仕上げ，高等学校芸術科〈音楽〉

へのアプローチも視野に入れた両面での指導を受け持つ中学校音楽科の教師の皆さんは本当に大変ですが，子供が生涯にわたって音楽に親しんでいこうとするような気持ちになるのは，中学校に在籍している年齢のときが最も多いと言われます。その意味でも，豊かな音楽の流れが感じられる音楽科の指導に専念していただきたいと願うばかりです。

# 資料

**中学校学習指導要領**
　第1章　総則 ……………………………………… **86**

**中学校学習指導要領**
　第2章　第5節　音楽 …………………………… **100**

**小学校学習指導要領**
　第2章　第6節　音楽 …………………………… **111**

中学校　総則

中学校　音楽

小学校　音楽

# 中学校学習指導要領

## 第1章　総則

### 第1　中学校教育の基本と教育課程の役割

**1**　各学校においては，教育基本法及び学校教育法その他の法令並びにこの章以下に示すところに従い，生徒の人間として調和のとれた育成を目指し，生徒の心身の発達の段階や特性及び学校や地域の実態を十分考慮して，適切な教育課程を編成するものとし，これらに掲げる目標を達成するよう教育を行うものとする。

**2**　学校の教育活動を進めるに当たっては，各学校において，第3の1に示す主体的・対話的で深い学びの実現に向けた授業改善を通して，創意工夫を生かした特色ある教育活動を展開する中で，次の(1)から(3)までに掲げる事項の実現を図り，生徒に生きる力を育むことを目指すものとする。

(1)　基礎的・基本的な知識及び技能を確実に習得させ，これらを活用して課題を解決するために必要な思考力，判断力，表現力等を育むとともに，主体的に学習に取り組む態度を養い，個性を生かし多様な人々との協働を促す教育の充実に努めること。その際，生徒の発達の段階を考慮して，生徒の言語活動など，学習の基盤をつくる活動を充実するとともに，家庭との連携を図りながら，生徒の学習習慣が確立するよう配慮すること。

(2)　道徳教育や体験活動，多様な表現や鑑賞の活動等を通して，豊かな心や創造性の涵養を目指した教育の充実に努めること。

　　学校における道徳教育は，特別の教科である道徳（以下「道徳科」という。）を要として学校の教育活動全体を通じて行うものであり，

道徳科はもとより，各教科，総合的な学習の時間及び特別活動のそれぞれの特質に応じて，生徒の発達の段階を考慮して，適切な指導を行うこと。

道徳教育は，教育基本法及び学校教育法に定められた教育の根本精神に基づき，自己の生き方を考え，主体的な判断の下に行動し，自立した人間として他者と共によりよく生きるための基盤となる道徳性を養うことを目標とすること。

道徳教育を進めるに当たっては，人間尊重の精神と生命に対する畏敬の念を家庭，学校，その他社会における具体的な生活の中に生かし，豊かな心をもち，伝統と文化を尊重し，それらを育んできた我が国と郷土を愛し，個性豊かな文化の創造を図るとともに，平和で民主的な国家及び社会の形成者として，公共の精神を尊び，社会及び国家の発展に努め，他国を尊重し，国際社会の平和と発展や環境の保全に貢献し未来を拓く主体性のある日本人の育成に資することとなるよう特に留意すること。

(3) 学校における体育・健康に関する指導を，生徒の発達の段階を考慮して，学校の教育活動全体を通じて適切に行うことにより，健康で安全な生活と豊かなスポーツライフの実現を目指した教育の充実に努めること。特に，学校における食育の推進並びに体力の向上に関する指導，安全に関する指導及び心身の健康の保持増進に関する指導については，保健体育科，技術・家庭科及び特別活動の時間はもとより，各教科，道徳科及び総合的な学習の時間などにおいてもそれぞれの特質に応じて適切に行うよう努めること。また，それらの指導を通して，家庭や地域社会との連携を図りながら，日常生活において適切な体育・健康に関する活動の実践を促し，生涯を通じて健康・安全で活力ある生活を送るための基礎が培われるよう配慮すること。

3 2の(1)から(3)までに掲げる事項の実現を図り，豊かな創造性を備え持続可能な社会の創り手となることが期待される生徒に，生きる力を育

むことを目指すに当たっては，学校教育全体並びに各教科，道徳科，総合的な学習の時間及び特別活動（以下「各教科等」という。ただし，第2の3の(2)のア及びウにおいて，特別活動については学級活動（学校給食に係るものを除く。）に限る。）の指導を通してどのような資質・能力の育成を目指すのかを明確にしながら，教育活動の充実を図るものとする。その際，生徒の発達の段階や特性等を踏まえつつ，次に掲げることが偏りなく実現できるようにするものとする。

(1)　知識及び技能が習得されるようにすること。

(2)　思考力，判断力，表現力等を育成すること。

(3)　学びに向かう力，人間性等を涵養すること。

**4**　各学校においては，生徒や学校，地域の実態を適切に把握し，教育の目的や目標の実現に必要な教育の内容等を教科等横断的な視点で組み立てていくこと，教育課程の実施状況を評価してその改善を図っていくこと，教育課程の実施に必要な人的又は物的な体制を確保するとともにその改善を図っていくことなどを通して，教育課程に基づき組織的かつ計画的に各学校の教育活動の質の向上を図っていくこと（以下「カリキュラム・マネジメント」という。）に努めるものとする。

### 第2　教育課程の編成

**1**　各学校の教育目標と教育課程の編成

教育課程の編成に当たっては，学校教育全体や各教科等における指導を通して育成を目指す資質・能力を踏まえつつ，各学校の教育目標を明確にするとともに，教育課程の編成についての基本的な方針が家庭や地域とも共有されるよう努めるものとする。その際，第4章総合的な学習の時間の第2の1に基づき定められる目標との関連を図るものとする。

**2**　教科等横断的な視点に立った資質・能力の育成

(1)　各学校においては，生徒の発達の段階を考慮し，言語能力，情報活用能力（情報モラルを含む。），問題発見・解決能力等の学習の基

盤となる資質・能力を育成していくことができるよう，各教科等の特質を生かし，教科等横断的な視点から教育課程の編成を図るものとする。

（2）　各学校においては，生徒や学校，地域の実態及び生徒の発達の段階を考慮し，豊かな人生の実現や災害等を乗り越えて次代の社会を形成することに向けた現代的な諸課題に対応して求められる資質・能力を，教科等横断的な視点で育成していくことができるよう，各学校の特色を生かした教育課程の編成を図るものとする。

**3　教育課程の編成における共通的事項**

（1）　内容等の取扱い

ア　第2章以下に示す各教科，道徳科及び特別活動の内容に関する事項は，特に示す場合を除き，いずれの学校においても取り扱わなければならない。

イ　学校において特に必要がある場合には，第2章以下に示していない内容を加えて指導することができる。また，第2章以下に示す内容の取扱いのうち内容の範囲や程度等を示す事項は，全ての生徒に対して指導するものとする内容の範囲や程度等を示したものであり，学校において特に必要がある場合には，この事項にかかわらず加えて指導することができる。ただし，これらの場合には，第2章以下に示す各教科，道徳科及び特別活動の目標や内容の趣旨を逸脱したり，生徒の負担過重となったりすることのないようにしなければならない。

ウ　第2章以下に示す各教科，道徳科及び特別活動の内容に掲げる事項の順序は，特に示す場合を除き，指導の順序を示すものではないので，学校においては，その取扱いについて適切な工夫を加えるものとする。

エ　学校において2以上の学年の生徒で編制する学級について特に必要がある場合には，各教科の目標の達成に支障のない範囲内で，

各教科の目標及び内容について学年別の順序によらないことができる。

オ　各学校においては，生徒や学校，地域の実態を考慮して，生徒の特性等に応じた多様な学習活動が行えるよう，第2章に示す各教科や，特に必要な教科を，選択教科として開設し生徒に履修させることができる。その場合にあっては，全ての生徒に指導すべき内容との関連を図りつつ，選択教科の授業時数及び内容を適切に定め選択教科の指導計画を作成し，生徒の負担加重となることのないようにしなければならない。また，特に必要な教科の名称，目標，内容などについては，各学校が適切に定めるものとする。

カ　道徳科を要として学校の教育活動全体を通じて行う道徳教育の内容は，第3章特別の教科道徳の第2に示す内容とし，その実施に当たっては，第6に示す道徳教育に関する配慮事項を踏まえるものとする。

(2)　授業時数等の取扱い

ア　各教科等の授業は，年間35週以上にわたって行うよう計画し，週当たりの授業時数が生徒の負担過重にならないようにするものとする。ただし，各教科等や学習活動の特質に応じ効果的な場合には，夏季，冬季，学年末等の休業日の期間に授業日を設定する場合を含め，これらの授業を特定の期間に行うことができる。

イ　特別活動の授業のうち，生徒会活動及び学校行事については，それらの内容に応じ，年間，学期ごと，月ごとなどに適切な授業時数を充てるものとする。

ウ　各学校の時間割については，次の事項を踏まえ適切に編成するものとする。

　(ア)　各教科等のそれぞれの授業の1単位時間は，各学校において，各教科等の年間授業時数を確保しつつ，生徒の発達の段階及び各教科等や学習活動の特質を考慮して適切に定めるこ

と。

（イ）　各教科等の特質に応じ，10分から15分程度の短い時間を活用して特定の教科等の指導を行う場合において，当該教科等を担当する教師が，単元や題材など内容や時間のまとまりを見通した中で，その指導内容の決定や指導の成果の把握と活用等を責任を持って行う体制が整備されているときは，その時間を当該教科等の年間授業時数に含めることができること。

（ウ）　給食，休憩などの時間については，各学校において工夫を加え，適切に定めること。

（エ）　各学校において，生徒や学校，地域の実態，各教科等や学習活動の特質等に応じて，創意工夫を生かした時間割を弾力的に編成できること。

エ　総合的な学習の時間における学習活動により，特別活動の学校行事に掲げる各行事の実施と同様の成果が期待できる場合においては，総合的な学習の時間における学習活動をもって相当する特別活動の学校行事に掲げる各行事の実施に替えることができる。

（3）　指導計画の作成等に当たっての配慮事項

各学校においては，次の事項に配慮しながら，学校の創意工夫を生かし，全体として，調和のとれた具体的な指導計画を作成するものとする。

ア　各教科等の指導内容については，(1)のアを踏まえつつ，単元や題材など内容や時間のまとまりを見通しながら，そのまとめ方や重点の置き方に適切な工夫を加え，第3の1に示す主体的・対話的で深い学びの実現に向けた授業改善を通して資質・能力を育む効果的な指導ができるようにすること。

イ　各教科等及び各学年相互間の関連を図り，系統的，発展的な指導ができるようにすること。

資料　中学校 総則　中学校 音楽　小学校 音楽

91

**4　学校段階間の接続**

　教育課程の編成に当たっては，次の事項に配慮しながら，学校段階間の接続を図るものとする。

（1）　小学校学習指導要領を踏まえ，小学校教育までの学習の成果が中学校教育に円滑に接続され，義務教育段階の終わりまでに育成することを目指す資質・能力を，生徒が確実に身に付けることができるよう工夫すること。特に，義務教育学校，小学校連携型中学校及び小学校併設型中学校においては，義務教育9年間を見通した計画的かつ継続的な教育課程を編成すること。

（2）　高等学校学習指導要領を踏まえ，高等学校教育及びその後の教育との円滑な接続が可能となるよう工夫すること。特に，中等教育学校，連携型中学校及び併設型中学校においては，中等教育6年間を見通した計画的かつ継続的な教育課程を編成すること。

### 第3　教育課程の実施と学習評価

**1　主体的・対話的で深い学びの実現に向けた授業改善**

　各教科等の指導に当たっては，次の事項に配慮するものとする。

（1）　第1の3の（1）から（3）までに示すことが偏りなく実現されるよう，単元や題材など内容や時間のまとまりを見通しながら，生徒の主体的・対話的で深い学びの実現に向けた授業改善を行うこと。

　　特に，各教科等において身に付けた知識及び技能を活用したり，思考力，判断力，表現力等や学びに向かう力，人間性等を発揮させたりして，学習の対象となる物事を捉え思考することにより，各教科等の特質に応じた物事を捉える視点や考え方（以下「見方・考え方」という。）が鍛えられていくことに留意し，生徒が各教科等の特質に応じた見方・考え方を働かせながら，知識を相互に関連付けてより深く理解したり，情報を精査して考えを形成したり，問題を見いだして解決策を考えたり，思いや考えを基に創造したりするこ

とに向かう過程を重視した学習の充実を図ること。

（2）　第2の2の(1)に示す言語能力の育成を図るため，各学校におい
て必要な言語環境を整えるとともに，国語科を要としつつ各教科等
の特質に応じて，生徒の言語活動を充実すること。あわせて，(7)
に示すとおり読書活動を充実すること。

（3）　第2の2の(1)に示す情報活用能力の育成を図るため，各学校に
おいて，コンピュータや情報通信ネットワークなどの情報手段を活
用するために必要な環境を整え，これらを適切に活用した学習活動
の充実を図ること。また，各種の統計資料や新聞，視聴覚教材や教
育機器などの教材・教具の適切な活用を図ること。

（4）　生徒が学習の見通しを立てたり学習したことを振り返ったりする
活動を，計画的に取り入れるように工夫すること。

（5）　生徒が生命の有限性や自然の大切さ，主体的に挑戦してみること
や多様な他者と協働することの重要性などを実感しながら理解する
ことができるよう，各教科等の特質に応じた体験活動を重視し，家
庭や地域社会と連携しつつ体系的・継続的に実施できるよう工夫す
ること。

（6）　生徒が自ら学習課題や学習活動を選択する機会を設けるなど，生
徒の興味・関心を生かした自主的，自発的な学習が促されるよう工
夫すること。

（7）　学校図書館を計画的に利用しその機能の活用を図り，生徒の主体
的・対話的で深い学びの実現に向けた授業改善に生かすとともに，
生徒の自主的，自発的な学習活動や読書活動を充実すること。また，
地域の図書館や博物館，美術館，劇場，音楽堂等の施設の活用を積
極的に図り，資料を活用した情報の収集や鑑賞等の学習活動を充実
すること。

2　学習評価の充実

学習評価の実施に当たっては，次の事項に配慮するものとする。

(1) 生徒のよい点や進歩の状況などを積極的に評価し，学習したことの意義や価値を実感できるようにすること。また，各教科等の目標の実現に向けた学習状況を把握する観点から，単元や題材など内容や時間のまとまりを見通しながら評価の場面や方法を工夫して，学習の過程や成果を評価し，指導の改善や学習意欲の向上を図り，資質・能力の育成に生かすようにすること。

(2) 創意工夫の中で学習評価の妥当性や信頼性が高められるよう，組織的かつ計画的な取組を推進するとともに，学年や学校段階を越えて生徒の学習の成果が円滑に接続されるように工夫すること。

## 第4 生徒の発達の支援

1 生徒の発達を支える指導の充実

　教育課程の編成及び実施に当たっては，次の事項に配慮するものとする。

(1) 学習や生活の基盤として，教師と生徒との信頼関係及び生徒相互のよりよい人間関係を育てるため，日頃から学級経営の充実を図ること。また，主に集団の場面で必要な指導や援助を行うガイダンスと，個々の生徒の多様な実態を踏まえ，一人一人が抱える課題に個別に対応した指導を行うカウンセリングの双方により，生徒の発達を支援すること。

(2) 生徒が，自己の存在感を実感しながら，よりよい人間関係を形成し，有意義で充実した学校生活を送る中で，現在及び将来における自己実現を図っていくことができるよう，生徒理解を深め，学習指導と関連付けながら，生徒指導の充実を図ること。

(3) 生徒が，学ぶことと自己の将来とのつながりを見通しながら，社会的・職業的自立に向けて必要な基盤となる資質・能力を身に付けていくことができるよう，特別活動を要としつつ各教科等の特質に応じて，キャリア教育の充実を図ること。その中で，生徒が自らの

生き方を考え主体的に進路を選択することができるよう，学校の教育活動全体を通じ，組織的かつ計画的な進路指導を行うこと。

（4） 生徒が，基礎的・基本的な知識及び技能の習得も含め，学習内容を確実に身に付けることができるよう，生徒や学校の実態に応じ，個別学習やグループ別学習，繰り返し学習，学習内容の習熟の程度に応じた学習，生徒の興味・関心等に応じた課題学習，補充的な学習や発展的な学習などの学習活動を取り入れることや，教師間の協力による指導体制を確保することなど，指導方法や指導体制の工夫改善により，個に応じた指導の充実を図ること。その際，第3の1の（3）に示す情報手段や教材・教具の活用を図ること。

2　特別な配慮を必要とする生徒への指導

（1） 障害のある生徒などへの指導

ア　障害のある生徒などについては，特別支援学校等の助言又は援助を活用しつつ，個々の生徒の障害の状態等に応じた指導内容や指導方法の工夫を組織的かつ計画的に行うものとする。

イ　特別支援学級において実施する特別の教育課程については，次のとおり編成するものとする。

（ｱ） 障害による学習上又は生活上の困難を克服し自立を図るため，特別支援学校小学部・中学部学習指導要領第7章に示す自立活動を取り入れること。

（ｲ） 生徒の障害の程度や学級の実態等を考慮の上，各教科の目標や内容を下学年の教科の目標や内容に替えたり，各教科を，知的障害者である生徒に対する教育を行う特別支援学校の各教科に替えたりするなどして，実態に応じた教育課程を編成すること。

ウ　障害のある生徒に対して，通級による指導を行い，特別の教育課程を編成する場合には，特別支援学校小学部・中学部学習指導要領第7章に示す自立活動の内容を参考とし，具体的な目標や内

容を定め，指導を行うものとする。その際，効果的な指導が行われるよう，各教科等と通級による指導との関連を図るなど，教師間の連携に努めるものとする。

　　エ　障害のある生徒などについては，家庭，地域及び医療や福祉，保健，労働等の業務を行う関係機関との連携を図り，長期的な視点で生徒への教育的支援を行うために，個別の教育支援計画を作成し活用することに努めるとともに，各教科等の指導に当たって，個々の生徒の実態を的確に把握し，個別の指導計画を作成し活用することに努めるものとする。特に，特別支援学級に在籍する生徒や通級による指導を受ける生徒については，個々の生徒の実態を的確に把握し，個別の教育支援計画や個別の指導計画を作成し，効果的に活用するものとする。

(2)　海外から帰国した生徒などの学校生活への適応や，日本語の習得に困難のある生徒に対する日本語指導

　　ア　海外から帰国した生徒などについては，学校生活への適応を図るとともに，外国における生活経験を生かすなどの適切な指導を行うものとする。

　　イ　日本語の習得に困難のある生徒については，個々の生徒の実態に応じた指導内容や指導方法の工夫を組織的かつ計画的に行うものとする。特に，通級による日本語指導については，教師間の連携に努め，指導についての計画を個別に作成することなどにより，効果的な指導に努めるものとする。

(3)　不登校生徒への配慮

　　ア　不登校生徒については，保護者や関係機関と連携を図り，心理や福祉の専門家の助言又は援助を得ながら，社会的自立を目指す観点から，個々の生徒の実態に応じた情報の提供その他の必要な支援を行うものとする。

　　イ　相当の期間中学校を欠席し引き続き欠席すると認められる生徒

を対象として，文部科学大臣が認める特別の教育課程を編成する場合には，生徒の実態に配慮した教育課程を編成するとともに，個別学習やグループ別学習など指導方法や指導体制の工夫改善に努めるものとする。

(4) 学齢を経過した者への配慮

ア　夜間その他の特別の時間に授業を行う課程において学齢を経過した者を対象として特別の教育課程を編成する場合には，学齢を経過した者の年齢，経験又は勤労状況その他の実情を踏まえ，中学校教育の目的及び目標並びに第2章以下に示す各教科等の目標に照らして，中学校教育を通じて育成を目指す資質・能力を身に付けることができるようにするものとする。

イ　学齢を経過した者を教育する場合には，個別学習やグループ別学習など指導方法や指導体制の工夫改善に努めるものとする。

## 第5　学校運営上の留意事項

1　教育課程の改善と学校評価，教育課程外の活動との連携等

ア　各学校においては，校長の方針の下に，校務分掌に基づき教職員が適切に役割を分担しつつ，相互に連携しながら，各学校の特色を生かしたカリキュラム・マネジメントを行うよう努めるものとする。また，各学校が行う学校評価については，教育課程の編成，実施，改善が教育活動や学校運営の中核となることを踏まえつつ，カリキュラム・マネジメントと関連付けながら実施するよう留意するものとする。

イ　教育課程の編成及び実施に当たっては，学校保健計画，学校安全計画，食に関する指導の全体計画，いじめの防止等のための対策に関する基本的な方針など，各分野における学校の全体計画等と関連付けながら，効果的な指導が行われるように留意するものとする。

資料

中学校　総則

中学校　音楽

小学校　音楽

ウ　教育課程外の学校教育活動と教育課程の関連が図られるように
留意するものとする。特に，生徒の自主的，自発的な参加により
行われる部活動については，スポーツや文化，科学等に親しませ，
学習意欲の向上や責任感，連帯感の涵養等，学校教育が目指す資
質・能力の育成に資するものであり，学校教育の一環として，教
育課程との関連が図られるよう留意すること。その際，学校や地
域の実態に応じ，地域の人々の協力，社会教育施設や社会教育関
係団体等の各種団体との連携などの運営上の工夫を行い，持続可
能な運営体制が整えられるようにするものとする。

2　家庭や地域社会との連携及び協働と学校間の連携

教育課程の編成及び実施に当たっては，次の事項に配慮するものとす
る。

ア　学校がその目的を達成するため，学校や地域の実態等に応じ，
教育活動の実施に必要な人的又は物的な体制を家庭や地域の人々
の協力を得ながら整えるなど，家庭や地域社会との連携及び協働
を深めること。また，高齢者や異年齢の子供など，地域における
世代を越えた交流の機会を設けること。

イ　他の中学校や，幼稚園，認定こども園，保育所，小学校，高等学校，
特別支援学校などとの間の連携や交流を図るとともに，障害のあ
る幼児児童生徒との交流及び共同学習の機会を設け，共に尊重し
合いながら協働して生活していく態度を育むよう努めること。

### 第6　道徳教育に関する配慮事項

道徳教育を進めるに当たっては，道徳教育の特質を踏まえ，前項まで
に示す事項に加え，次の事項に配慮するものとする。

1　各学校においては，第1の2の(2)に示す道徳教育の目標を踏まえ，
道徳教育の全体計画を作成し，校長の方針の下に，道徳教育の推進を主
に担当する教師（以下「道徳教育推進教師」という。）を中心に，全教

師が協力して道徳教育を展開すること。なお，道徳教育の全体計画の作成に当たっては，生徒や学校，地域の実態を考慮して，学校の道徳教育の重点目標を設定するとともに，道徳科の指導方針，第3章特別の教科道徳の第2に示す内容との関連を踏まえた各教科，総合的な学習の時間及び特別活動における指導の内容及び時期並びに家庭や地域社会との連携の方法を示すこと。

2　各学校においては，生徒の発達の段階や特性等を踏まえ，指導内容の重点化を図ること。その際，小学校における道徳教育の指導内容を更に発展させ，自立心や自律性を高め，規律ある生活をすること，生命を尊重する心や自らの弱さを克服して気高く生きようとする心を育てること，法やきまりの意義に関する理解を深めること，自らの将来の生き方を考え主体的に社会の形成に参画する意欲と態度を養うこと，伝統と文化を尊重し，それらを育んできた我が国と郷土を愛するとともに，他国を尊重すること，国際社会に生きる日本人としての自覚を身に付けることに留意すること。

3　学校や学級内の人間関係や環境を整えるとともに，職場体験活動やボランティア活動，自然体験活動，地域の行事への参加などの豊かな体験を充実すること。また，道徳教育の指導内容が，生徒の日常生活に生かされるようにすること。その際，いじめの防止や安全の確保等にも資することとなるよう留意すること。

4　学校の道徳教育の全体計画や道徳教育に関する諸活動などの情報を積極的に公表したり，道徳教育の充実のために家庭や地域の人々の積極的な参加や協力を得たりするなど，家庭や地域社会との共通理解を深め，相互の連携を図ること。

# 中学校学習指導要領

## 第2章　第5節　音楽

### 第1　目　標

　表現及び鑑賞の幅広い活動を通して，音楽的な見方・考え方を働かせ，生活や社会の中の音や音楽，音楽文化と豊かに関わる資質・能力を次のとおり育成することを目指す。

- (1)　曲想と音楽の構造や背景などとの関わり及び音楽の多様性について理解するとともに，創意工夫を生かした音楽表現をするために必要な技能を身に付けるようにする。
- (2)　音楽表現を創意工夫することや，音楽のよさや美しさを味わって聴くことができるようにする。
- (3)　音楽活動の楽しさを体験することを通して，音楽を愛好する心情を育むとともに，音楽に対する感性を豊かにし，音楽に親しんでいく態度を養い，豊かな情操を培う。

### 第2　各学年の目標及び内容

〔第1学年〕

1　目　標

- (1)　曲想と音楽の構造などとの関わり及び音楽の多様性について理解するとともに，創意工夫を生かした音楽表現をするために必要な歌唱，器楽，創作の技能を身に付けるようにする。
- (2)　音楽表現を創意工夫することや，音楽を自分なりに評価しながらよさや美しさを味わって聴くことができるようにする。
- (3)　主体的・協働的に表現及び鑑賞の学習に取り組み，音楽活動の楽

しさを体験することを通して，音楽文化に親しむとともに，音楽によっ
て生活を明るく豊かなものにしていく態度を養う。

**2 内 容**

**A 表 現**

(1) 歌唱の活動を通して，次の事項を身に付けることができるよう指導
する。

ア 歌唱表現に関わる知識や技能を得たり生かしたりしながら，歌
唱表現を創意工夫すること。

イ 次の(ア)及び(イ)について理解すること。

(ア) 曲想と音楽の構造や歌詞の内容との関わり

(イ) 声の音色や響き及び言葉の特性と曲種に応じた発声との関わり

ウ 次の(ア)及び(イ)の技能を身に付けること。

(ア) 創意工夫を生かした表現で歌うために必要な発声，言葉の発
音，身体の使い方などの技能

(イ) 創意工夫を生かし，全体の響きや各声部の声などを聴きなが
ら他者と合わせて歌う技能

(2) 器楽の活動を通して，次の事項を身に付けることができるよう指導
する。

ア 器楽表現に関わる知識や技能を得たり生かしたりしながら，器
楽表現を創意工夫すること。

イ 次の(ア)及び(イ)について理解すること。

(ア) 曲想と音楽の構造との関わり

(イ) 楽器の音色や響きと奏法との関わり

ウ 次の(ア)及び(イ)の技能を身に付けること。

(ア) 創意工夫を生かした表現で演奏するために必要な奏法，身
体の使い方などの技能

(イ) 創意工夫を生かし，全体の響きや各声部の音などを聴きなが
ら他者と合わせて演奏する技能

資料

中学校 総則

**中学校 音楽**

小学校 音楽

(3) 創作の活動を通して，次の事項を身に付けることができるよう指導
する。

　ア　創作表現に関わる知識や技能を得たり生かしたりしながら，創
　　作表現を創意工夫すること。

　イ　次の(ア)及び(イ)について，表したいイメージと関わらせて理解
　　すること。

　　(ア)　音のつながり方の特徴

　　(イ)　音素材の特徴及び音の重なり方や反復，変化，対照などの構
　　　成上の特徴

　ウ　創意工夫を生かした表現で旋律や音楽をつくるために必要な，
　　課題や条件に沿った音の選択や組合せなどの技能を身に付けるこ
　　と。

B　鑑　賞

(1)　鑑賞の活動を通して，次の事項を身に付けることができるよう指導
する。

　ア　鑑賞に関わる知識を得たり生かしたりしながら，次の(ア)から(ウ)
　　までについて自分なりに考え，音楽のよさや美しさを味わって聴く
　　こと。

　　(ア)　曲や演奏に対する評価とその根拠

　　(イ)　生活や社会における音楽の意味や役割

　　(ウ)　音楽表現の共通性や固有性

　イ　次の(ア)から(ウ)までについて理解すること。

　　(ア)　曲想と音楽の構造との関わり

　　(イ)　音楽の特徴とその背景となる文化や歴史，他の芸術との関わり

　　(ウ)　我が国や郷土の伝統音楽及びアジア地域の諸民族の音楽の
　　　特徴と，その特徴から生まれる音楽の多様性

〔共通事項〕

(1)　「A表現」及び「B鑑賞」の指導を通して，次の事項を身に付ける

ことができるよう指導する。

ア　音楽を形づくっている要素や要素同士の関連を知覚し，それら
の働きが生み出す特質や雰囲気を感受しながら，知覚したことと
感受したこととの関わりについて考えること。

イ　音楽を形づくっている要素及びそれらに関わる用語や記号など
について，音楽における働きと関わらせて理解すること。


〔第2学年及び第3学年〕

**1　目　標**

(1)　曲想と音楽の構造や背景などとの関わり及び音楽の多様性につい
て理解するとともに，創意工夫を生かした音楽表現をするために必要
な歌唱，器楽，創作の技能を身に付けるようにする。

(2)　曲にふさわしい音楽表現を創意工夫することや，音楽を評価しなが
らよさや美しさを味わって聴くことができるようにする。

(3)　主体的・協働的に表現及び鑑賞の学習に取り組み，音楽活動の楽
しさを体験することを通して，音楽文化に親しむとともに，音楽によっ
て生活を明るく豊かなものにし，音楽に親しんでいく態度を養う。

**2　内　容**

**A　表　現**

(1)　歌唱の活動を通して，次の事項を身に付けることができるよう指導
する。

ア　歌唱表現に関わる知識や技能を得たり生かしたりしながら，曲に
ふさわしい歌唱表現を創意工夫すること。

イ　次の(ｱ)及び(ｲ)について理解すること。

(ｱ)　曲想と音楽の構造や歌詞の内容及び曲の背景との関わり

(ｲ)　声の音色や響き及び言葉の特性と曲種に応じた発声との関わり

ウ　次の(ｱ)及び(ｲ)の技能を身に付けること。

(ｱ)　創意工夫を生かした表現で歌うために必要な発声，言葉の発

音，身体の使い方などの技能

　（イ）　創意工夫を生かし，全体の響きや各声部の声などを聴きなが
　　　ら他者と合わせて歌う技能

（2）　器楽の活動を通して，次の事項を身に付けることができるよう指導
　　する。

　ア　器楽表現に関わる知識や技能を得たり生かしたりしながら，曲
　　にふさわしい器楽表現を創意工夫すること。

　イ　次の（ア）及び（イ）について理解すること。

　（ア）　曲想と音楽の構造や曲の背景との関わり

　（イ）　楽器の音色や響きと奏法との関わり

　ウ　次の（ア）及び（イ）の技能を身に付けること。

　（ア）　創意工夫を生かした表現で演奏するために必要な奏法，身
　　　体の使い方などの技能

　（イ）　創意工夫を生かし，全体の響きや各声部の音などを聴きなが
　　　ら他者と合わせて演奏する技能

（3）　創作の活動を通して，次の事項を身に付けることができるよう指導
　　する。

　ア　創作表現に関わる知識や技能を得たり生かしたりしながら，まと
　　まりのある創作表現を創意工夫すること。

　イ　次の（ア）及び（イ）について，表したいイメージと関わらせて理解
　　すること。

　（ア）　音階や言葉などの特徴及び音のつながり方の特徴

　（イ）　音素材の特徴及び音の重なり方や反復，変化，対照などの構
　　　成上の特徴

　ウ　創意工夫を生かした表現で旋律や音楽をつくるために必要な，
　　課題や条件に沿った音の選択や組合せなどの技能を身に付けるこ
　　と。

B　鑑　賞

(1) 鑑賞の活動を通して，次の事項を身に付けることができるよう指導する。

　ア　鑑賞に関わる知識を得たり生かしたりしながら，次の(ｱ)から(ｳ)までについて考え，音楽のよさや美しさを味わって聴くこと。

　　(ｱ)　曲や演奏に対する評価とその根拠

　　(ｲ)　生活や社会における音楽の意味や役割

　　(ｳ)　音楽表現の共通性や固有性

　イ　次の(ｱ)から(ｳ)までについて理解すること。

　　(ｱ)　曲想と音楽の構造との関わり

　　(ｲ)　音楽の特徴とその背景となる文化や歴史，他の芸術との関わり

　　(ｳ)　我が国や郷土の伝統音楽及び諸外国の様々な音楽の特徴と，その特徴から生まれる音楽の多様性

〔共通事項〕

(1)　「A表現」及び「B鑑賞」の指導を通して，次の事項を身に付けることができるよう指導する。

　ア　音楽を形づくっている要素や要素同士の関連を知覚し，それらの働きが生み出す特質や雰囲気を感受しながら，知覚したことと感受したこととの関わりについて考えること。

　イ　音楽を形づくっている要素及びそれらに関わる用語や記号などについて，音楽における働きと関わらせて理解すること。

## 第3　指導計画の作成と内容の取扱い

**1**　指導計画の作成に当たっては，次の事項に配慮するものとする。

(1)　題材など内容や時間のまとまりを見通して，その中で育む資質・能力の育成に向けて，生徒の主体的・対話的で深い学びの実現を図るようにすること。その際，音楽的な見方・考え方を働かせ，他者と協働しながら，音楽表現を生み出したり音楽を聴いてそのよさや美しさなどを見いだしたりするなど，思考，判断し，表現する一連の過程を大

切にした学習の充実を図ること。

(2) 第2の各学年の内容の「A表現」の(1)，(2)及び(3)の指導については，ア，イ及びウの各事項を，「B鑑賞」の(1)の指導については，ア及びイの各事項を適切に関連させて指導すること。

(3) 第2の各学年の内容の〔共通事項〕は，表現及び鑑賞の学習において共通に必要となる資質・能力であり，「A表現」及び「B鑑賞」の指導と併せて，十分な指導が行われるよう工夫すること。

(4) 第2の各学年の内容の「A表現」の(1)，(2)及び(3)並びに「B鑑賞」の(1)の指導については，それぞれ特定の活動のみに偏らないようにするとともに，必要に応じて，〔共通事項〕を要として各領域や分野の関連を図るようにすること。

(5) 障害のある生徒などについては，学習活動を行う場合に生じる困難さに応じた指導内容や指導方法の工夫を計画的，組織的に行うこと。

(6) 第1章総則の第1の2の(2)に示す道徳教育の目標に基づき，道徳科などとの関連を考慮しながら，第3章特別の教科道徳の第2に示す内容について，音楽科の特質に応じて適切な指導をすること。

2 第2の内容の取扱いについては，次の事項に配慮するものとする。

(1) 各学年の「A表現」及び「B鑑賞」の指導に当たっては，次のとおり取り扱うこと。

  ア 音楽活動を通して，それぞれの教材等に応じ，音や音楽が生活に果たす役割を考えさせるなどして，生徒が音や音楽と生活や社会との関わりを実感できるよう指導を工夫すること。なお，適宜，自然音や環境音などについても取り扱い，音環境への関心を高めることができるよう指導を工夫すること。

  イ 音楽によって喚起された自己のイメージや感情，音楽表現に対する思いや意図，音楽に対する評価などを伝え合い共感するなど，音や音楽及び言葉によるコミュニケーションを図り，音楽科の特質に応じた言語活動を適切に位置付けられるよう指導を工夫するこ

と。

ウ　知覚したことと感受したこととの関わりを基に音楽の特徴を捉えたり，思考，判断の過程や結果を表したり，それらについて他者と共有，共感したりする際には，適宜，体を動かす活動も取り入れるようにすること。

エ　生徒が様々な感覚を関連付けて音楽への理解を深めたり，主体的に学習に取り組んだりすることができるようにするため，コンピュータや教育機器を効果的に活用できるよう指導を工夫すること。

オ　生徒が学校内及び公共施設などの学校外における音楽活動とのつながりを意識できるようにするなど，生徒や学校，地域の実態に応じ，生活や社会の中の音や音楽，音楽文化と主体的に関わっていくことができるよう配慮すること。

カ　自己や他者の著作物及びそれらの著作者の創造性を尊重する態度の形成を図るとともに，必要に応じて，音楽に関する知的財産権について触れるようにすること。また，こうした態度の形成が，音楽文化の継承，発展，創造を支えていることへの理解につながるよう配慮すること。

(2)　各学年の「A表現」の(1)の歌唱の指導に当たっては，次のとおり取り扱うこと。

ア　歌唱教材は，次に示すものを取り扱うこと。

(ア)　我が国及び諸外国の様々な音楽のうち，指導のねらいに照らして適切で，生徒にとって親しみがもてたり意欲が高められたり，生活や社会において音楽が果たしている役割が感じ取れたりできるもの。

(イ)　民謡，長唄などの我が国の伝統的な歌唱のうち，生徒や学校，地域の実態を考慮して，伝統的な声や歌い方の特徴を感じ取れるもの。なお，これらを取り扱う際は，その表現活動を通して，

生徒が我が国や郷土の伝統音楽のよさを味わい，愛着をもつことができるよう工夫すること。

（ウ）　我が国で長く歌われ親しまれている歌曲のうち，我が国の自然や四季の美しさを感じ取れるもの又は我が国の文化や日本語のもつ美しさを味わえるもの。なお，各学年において，以下の共通教材の中から1曲以上を含めること。

「赤とんぼ」　三木露風 作詞　山田耕筰 作曲

「荒城の月」　土井晩翠 作詞　滝廉太郎 作曲

「早春賦」　吉丸一昌 作詞　中田　章 作曲

「夏の思い出」　江間章子 作詞　中田喜直 作曲

「花」　武島羽衣 作詞　滝廉太郎 作曲

「花の街」　江間章子 作詞　團伊玖磨 作曲

「浜辺の歌」　林　古溪 作詞　成田為三 作曲

イ　変声期及び変声前後の声の変化について気付かせ，変声期の生徒を含む全ての生徒の心理的な面についても配慮するとともに，変声期の生徒については適切な声域と声量によって歌わせるようにすること。

ウ　相対的な音程感覚などを育てるために，適宜，移動ド唱法を用いること。

（3）　各学年の「A表現」の(2)の器楽の指導に当たっては，次のとおり取り扱うこと。

ア　器楽教材は，次に示すものを取り扱うこと。

（ア）　我が国及び諸外国の様々な音楽のうち，指導のねらいに照らして適切で，生徒にとって親しみがもてたり意欲が高められたり，生活や社会において音楽が果たしている役割が感じ取れたりできるもの。

イ　生徒や学校，地域の実態などを考慮した上で，指導上の必要に応じて和楽器，弦楽器，管楽器，打楽器，鍵盤楽器，電子楽器及び

世界の諸民族の楽器を適宜用いること。なお，3学年間を通じて1種類以上の和楽器を取り扱い，その表現活動を通して，生徒が我が国や郷土の伝統音楽のよさを味わい，愛着をもつことができるよう工夫すること。

(4)　歌唱及び器楽の指導における合わせて歌ったり演奏したりする表現形態では，他者と共に一つの音楽表現をつくる過程を大切にするとともに，生徒一人一人が，担当する声部の役割と全体の響きについて考え，主体的に創意工夫できるよう指導を工夫すること。

(5)　読譜の指導に当たっては，小学校における学習を踏まえ，♯や♭の調号としての意味を理解させるとともに，3学年間を通じて，1♯，1♭程度をもった調号の楽譜の視唱や視奏に慣れさせるようにすること。

(6)　我が国の伝統的な歌唱や和楽器の指導に当たっては，言葉と音楽との関係，姿勢や身体の使い方についても配慮するとともに，適宜，口唱歌を用いること。

(7)　各学年の「A表現」の(3)の創作の指導に当たっては，即興的に音を出しながら音のつながり方を試すなど，音を音楽へと構成していく体験を重視すること。その際，理論に偏らないようにするとともに，必要に応じて作品を記録する方法を工夫させること。

(8)　各学年の「B鑑賞」の指導に当たっては，次のとおり取り扱うこと。

　　ア　鑑賞教材は，我が国や郷土の伝統音楽を含む我が国及び諸外国の様々な音楽のうち，指導のねらいに照らして適切なものを取り扱うこと。

　　イ　第1学年では言葉で説明したり，第2学年及び第3学年では批評したりする活動を取り入れ，曲や演奏に対する評価やその根拠を明らかにできるよう指導を工夫すること。

(9)　各学年の〔共通事項〕に示す「音楽を形づくっている要素」については，指導のねらいに応じて，音色，リズム，速度，旋律，テクスチュア，

強弱，形式，構成などから，適切に選択したり関連付けたりして指導すること。

(10) 各学年の〔共通事項〕の(1)のイに示す「用語や記号など」については，小学校学習指導要領第2章第6節音楽の第3の2の(9)に示すものに加え，生徒の学習状況を考慮して，次に示すものを音楽における働きと関わらせて理解し，活用できるよう取り扱うこと。

拍　　拍子　　間　　序破急　　フレーズ　　音階　　調　　和音

動機　**Andante**　**Moderato**　**Allegro**　*rit.*　*a tempo*

*accel.*　*legato*　***pp***　***ff***　*dim.*　*D.C.*　*D.S.*

（フェルマータ）　（テヌート）　（三連符）　（二分休符）　（全休符）　（十六分休符）

# 小学校学習指導要領

## 第2章　第6節　音楽

### 第1　目　標

　表現及び鑑賞の活動を通して，音楽的な見方・考え方を働かせ，生活や社会の中の音や音楽と豊かに関わる資質・能力を次のとおり育成することを目指す。

(1)　曲想と音楽の構造などとの関わりについて理解するとともに，表したい音楽表現をするために必要な技能を身に付けるようにする。

(2)　音楽表現を工夫することや，音楽を味わって聴くことができるようにする。

(3)　音楽活動の楽しさを体験することを通して，音楽を愛好する心情と音楽に対する感性を育むとともに，音楽に親しむ態度を養い，豊かな情操を培う。

### 第2　各学年の目標及び内容

〔第1学年及び第2学年〕

1　目　標

(1)　曲想と音楽の構造などとの関わりについて気付くとともに，音楽表現を楽しむために必要な歌唱，器楽，音楽づくりの技能を身に付けるようにする。

(2)　音楽表現を考えて表現に対する思いをもつことや，曲や演奏の楽しさを見いだしながら音楽を味わって聴くことができるようにする。

(3)　楽しく音楽に関わり，協働して音楽活動をする楽しさを感じながら，身の回りの様々な音楽に親しむとともに，音楽経験を生かして生活を

明るく潤いのあるものにしようとする態度を養う。

2　内　容

A　表　現

(1)　歌唱の活動を通して，次の事項を身に付けることができるよう指導
する。

ア　歌唱表現についての知識や技能を得たり生かしたりしながら，曲
想を感じ取って表現を工夫し，どのように歌うかについて思いをも
つこと。

イ　曲想と音楽の構造との関わり，曲想と歌詞の表す情景や気持ち
との関わりについて気付くこと。

ウ　思いに合った表現をするために必要な次の(ア)から(ウ)までの技
能を身に付けること。

(ア)　範唱を聴いて歌ったり，階名で模唱したり暗唱したりする技能

(イ)　自分の歌声及び発音に気を付けて歌う技能

(ウ)　互いの歌声や伴奏を聴いて，声を合わせて歌う技能

(2)　器楽の活動を通して，次の事項を身に付けることができるよう指導
する。

ア　器楽表現についての知識や技能を得たり生かしたりしながら，曲
想を感じ取って表現を工夫し，どのように演奏するかについて思い
をもつこと。

イ　次の(ア)及び(イ)について気付くこと。

(ア)　曲想と音楽の構造との関わり

(イ)　楽器の音色と演奏の仕方との関わり

ウ　思いに合った表現をするために必要な次の(ア)から(ウ)までの技
能を身に付けること。

(ア)　範奏を聴いたり，リズム譜などを見たりして演奏する技能

(イ)　音色に気を付けて，旋律楽器及び打楽器を演奏する技能

(ウ)　互いの楽器の音や伴奏を聴いて，音を合わせて演奏する技能

(3) 音楽づくりの活動を通して，次の事項を身に付けることができるよう指導する。

ア　音楽づくりについての知識や技能を得たり生かしたりしながら，次の(ア)及び(イ)をできるようにすること。

(ア)　音遊びを通して，音楽づくりの発想を得ること。

(イ)　どのように音を音楽にしていくかについて思いをもつこと。

イ　次の(ア)及び(イ)について，それらが生み出す面白さなどと関わらせて気付くこと。

(ア)　声や身の回りの様々な音の特徴

(イ)　音やフレーズのつなげ方の特徴

ウ　発想を生かした表現や，思いに合った表現をするために必要な次の(ア)及び(イ)の技能を身に付けること。

(ア)　設定した条件に基づいて，即興的に音を選んだりつなげたりして表現する技能

(イ)　音楽の仕組みを用いて，簡単な音楽をつくる技能

B　鑑　賞

(1)　鑑賞の活動を通して，次の事項を身に付けることができるよう指導する。

ア　鑑賞についての知識を得たり生かしたりしながら，曲や演奏の楽しさを見いだし，曲全体を味わって聴くこと。

イ　曲想と音楽の構造との関わりについて気付くこと。

〔共通事項〕

(1)　「A表現」及び「B鑑賞」の指導を通して，次の事項を身に付けることができるよう指導する。

ア　音楽を形づくっている要素を聴き取り，それらの働きが生み出すよさや面白さ，美しさを感じ取りながら，聴き取ったことと感じ取ったこととの関わりについて考えること。

イ　音楽を形づくっている要素及びそれらに関わる身近な音符，休

符，記号や用語について，音楽における働きと関わらせて理解すること。

3 内容の取扱い

(1) 歌唱教材は次に示すものを取り扱う。

　ア　主となる歌唱教材については，各学年ともイの共通教材を含めて，斉唱及び輪唱で歌う曲

　イ　共通教材

〔第1学年〕

「うみ」　　　　　（文部省唱歌）　林　柳波 作詞　井上武士 作曲

「かたつむり」　　（文部省唱歌）

「日のまる」　　　（文部省唱歌）　高野辰之 作詞　岡野貞一 作曲

「ひらいたひらいた」（わらべうた）

〔第2学年〕

「かくれんぼ」　　（文部省唱歌）　林　柳波 作詞　下総皖一 作曲

「春がきた」　　　（文部省唱歌）　高野辰之 作詞　岡野貞一 作曲

「虫のこえ」　　　（文部省唱歌）

「夕やけこやけ」　中村雨紅 作詞　草川　信 作曲

(2) 主となる器楽教材については，既習の歌唱教材を含め，主旋律に簡単なリズム伴奏や低声部などを加えた曲を取り扱う。

(3) 鑑賞教材は次に示すものを取り扱う。

　ア　我が国及び諸外国のわらべうたや遊びうた，行進曲や踊りの音楽など体を動かすことの快さを感じ取りやすい音楽，日常の生活に関連して情景を思い浮かべやすい音楽など，いろいろな種類の曲

　イ　音楽を形づくっている要素の働きを感じ取りやすく，親しみやすい曲

　ウ　楽器の音色や人の声の特徴を捉えやすく親しみやすい，いろいろな演奏形態による曲

114

〔第3学年及び第4学年〕

1 目　標

(1)　曲想と音楽の構造などとの関わりについて気付くとともに，表したい音楽表現をするために必要な歌唱，器楽，音楽づくりの技能を身に付けるようにする。

(2)　音楽表現を考えて表現に対する思いや意図をもつことや，曲や演奏のよさなどを見いだしながら音楽を味わって聴くことができるようにする。

(3)　進んで音楽に関わり，協働して音楽活動をする楽しさを感じながら，様々な音楽に親しむとともに，音楽経験を生かして生活を明るく潤いのあるものにしようとする態度を養う。

2 内　容

A 表　現

(1)　歌唱の活動を通して，次の事項を身に付けることができるよう指導する。

　　ア　歌唱表現についての知識や技能を得たり生かしたりしながら，曲の特徴を捉えた表現を工夫し，どのように歌うかについて思いや意図をもつこと。

　　イ　曲想と音楽の構造や歌詞の内容との関わりについて気付くこと。

　　ウ　思いや意図に合った表現をするために必要な次の(ア)から(ウ)までの技能を身に付けること。

　　　(ア)　範唱を聴いたり，ハ長調の楽譜を見たりして歌う技能

　　　(イ)　呼吸及び発音の仕方に気を付けて，自然で無理のない歌い方で歌う技能

　　　(ウ)　互いの歌声や副次的な旋律，伴奏を聴いて，声を合わせて歌う技能

(2)　器楽の活動を通して，次の事項を身に付けることができるよう指導する。

ア　器楽表現についての知識や技能を得たり生かしたりしながら，曲
の特徴を捉えた表現を工夫し，どのように演奏するかについて思
いや意図をもつこと。

イ　次の(ア)及び(イ)について気付くこと。

　(ア)　曲想と音楽の構造との関わり

　(イ)　楽器の音色や響きと演奏の仕方との関わり

ウ　思いや意図に合った表現をするために必要な次の(ア)から(ウ)ま
での技能を身に付けること。

　(ア)　範奏を聴いたり，ハ長調の楽譜を見たりして演奏する技能

　(イ)　音色や響きに気を付けて，旋律楽器及び打楽器を演奏する
技能

　(ウ)　互いの楽器の音や副次的な旋律，伴奏を聴いて，音を合わせ
て演奏する技能

(3)　音楽づくりの活動を通して，次の事項を身に付けることができるよ
う指導する。

ア　音楽づくりについての知識や技能を得たり生かしたりしながら，
次の(ア)及び(イ)をできるようにすること。

　(ア)　即興的に表現することを通して，音楽づくりの発想を得ること。

　(イ)　音を音楽へと構成することを通して，どのようにまとまりを
意識した音楽をつくるかについて思いや意図をもつこと。

イ　次の(ア)及び(イ)について，それらが生み出すよさや面白さなど
と関わらせて気付くこと。

　(ア)　いろいろな音の響きやそれらの組合せの特徴

　(イ)　音やフレーズのつなげ方や重ね方の特徴

ウ　発想を生かした表現や，思いや意図に合った表現をするために
必要な次の(ア)及び(イ)の技能を身に付けること。

　(ア)　設定した条件に基づいて，即興的に音を選択したり組み合わ
せたりして表現する技能

　　　　（イ）　音楽の仕組みを用いて，音楽をつくる技能

Ｂ　鑑　賞

　(1)　鑑賞の活動を通して，次の事項を身に付けることができるよう指導
　　　する。

　　　ア　鑑賞についての知識を得たり生かしたりしながら，曲や演奏のよ
　　　　さなどを見いだし，曲全体を味わって聴くこと。

　　　イ　曲想及びその変化と，音楽の構造との関わりについて気付くこと。

〔共通事項〕

　(1)　「Ａ表現」及び「Ｂ鑑賞」の指導を通して，次の事項を身に付ける
　　　ことができるよう指導する。

　　　ア　音楽を形づくっている要素を聴き取り，それらの働きが生み出
　　　　すよさや面白さ，美しさを感じ取りながら，聴き取ったことと感じ
　　　　取ったこととの関わりについて考えること。

　　　イ　音楽を形づくっている要素及びそれらに関わる音符，休符，記
　　　　号や用語について，音楽における働きと関わらせて理解すること。

３　内容の取扱い

　(1)　歌唱教材は次に示すものを取り扱う。

　　　ア　主となる歌唱教材については，各学年ともイの共通教材を含め
　　　　て，斉唱及び簡単な合唱で歌う曲

　　　イ　共通教材

　　　〔第３学年〕

　　　　「うさぎ」　　　　（日本古謡）

　　　　「茶つみ」　　　　（文部省唱歌）

　　　　「春の小川」　　　（文部省唱歌）　高野辰之 作詞　岡野貞一 作曲

　　　　「ふじ山」　　　　（文部省唱歌）　巌谷小波 作詞

　　　〔第４学年〕

　　　　「さくらさくら」（日本古謡）

　　　　「とんび」　　　葛原しげる 作詞　梁田　貞 作曲

「まきばの朝」　（文部省唱歌）　船橋栄吉 作曲

「もみじ」　　　（文部省唱歌）　高野辰之 作詞　岡野貞一 作曲

(2)　主となる器楽教材については，既習の歌唱教材を含め，簡単な重奏や合奏などの曲を取り扱う。

(3)　鑑賞教材は次に示すものを取り扱う。

　　ア　和楽器の音楽を含めた我が国の音楽，郷土の音楽，諸外国に伝わる民謡など生活との関わりを捉えやすい音楽，劇の音楽，人々に長く親しまれている音楽など，いろいろな種類の曲

　　イ　音楽を形づくっている要素の働きを感じ取りやすく，聴く楽しさを得やすい曲

　　ウ　楽器や人の声による演奏表現の違いを聴き取りやすい，独奏，重奏，独唱，重唱を含めたいろいろな演奏形態による曲


〔第5学年及び第6学年〕

1　目　標

(1)　曲想と音楽の構造などとの関わりについて理解するとともに，表したい音楽表現をするために必要な歌唱，器楽，音楽づくりの技能を身に付けるようにする。

(2)　音楽表現を考えて表現に対する思いや意図をもつことや，曲や演奏のよさなどを見いだしながら音楽を味わって聴くことができるようにする。

(3)　主体的に音楽に関わり，協働して音楽活動をする楽しさを味わいながら，様々な音楽に親しむとともに，音楽経験を生かして生活を明るく潤いのあるものにしようとする態度を養う。

2　内　容

A　表　現

(1)　歌唱の活動を通して，次の事項を身に付けることができるよう指導する。

ア　歌唱表現についての知識や技能を得たり生かしたりしながら，曲の特徴にふさわしい表現を工夫し，どのように歌うかについて思いや意図をもつこと。

イ　曲想と音楽の構造や歌詞の内容との関わりについて理解すること。

ウ　思いや意図に合った表現をするために必要な次の(ア)から(ウ)までの技能を身に付けること。

　(ア)　範唱を聴いたり，ハ長調及びイ短調の楽譜を見たりして歌う技能

　(イ)　呼吸及び発音の仕方に気を付けて，自然で無理のない，響きのある歌い方で歌う技能

　(ウ)　各声部の歌声や全体の響き，伴奏を聴いて，声を合わせて歌う技能

(2)　器楽の活動を通して，次の事項を身に付けることができるよう指導する。

ア　器楽表現についての知識や技能を得たり生かしたりしながら，曲の特徴にふさわしい表現を工夫し，どのように演奏するかについて思いや意図をもつこと。

イ　次の(ア)及び(イ)について理解すること。

　(ア)　曲想と音楽の構造との関わり

　(イ)　多様な楽器の音色や響きと演奏の仕方との関わり

ウ　思いや意図に合った表現をするために必要な次の(ア)から(ウ)までの技能を身に付けること。

　(ア)　範奏を聴いたり，ハ長調及びイ短調の楽譜を見たりして演奏する技能

　(イ)　音色や響きに気を付けて，旋律楽器及び打楽器を演奏する技能

　(ウ)　各声部の楽器の音や全体の響き，伴奏を聴いて，音を合わせて演奏する技能

(3) 音楽づくりの活動を通して,次の事項を身に付けることができるよう指導する。

　ア　音楽づくりについての知識や技能を得たり生かしたりしながら,次の(ア)及び(イ)をできるようにすること。

　　(ア)　即興的に表現することを通して,音楽づくりの様々な発想を得ること。

　　(イ)　音を音楽へと構成することを通して,どのように全体のまとまりを意識した音楽をつくるかについて思いや意図をもつこと。

　イ　次の(ア)及び(イ)について,それらが生み出すよさや面白さなどと関わらせて理解すること。

　　(ア)　いろいろな音の響きやそれらの組合せの特徴

　　(イ)　音やフレーズのつなげ方や重ね方の特徴

　ウ　発想を生かした表現や,思いや意図に合った表現をするために必要な次の(ア)及び(イ)の技能を身に付けること。

　　(ア)　設定した条件に基づいて,即興的に音を選択したり組み合わせたりして表現する技能

　　(イ)　音楽の仕組みを用いて,音楽をつくる技能

Ｂ　鑑　賞

(1)　鑑賞の活動を通して,次の事項を身に付けることができるよう指導する。

　ア　鑑賞についての知識を得たり生かしたりしながら,曲や演奏のよさなどを見いだし,曲全体を味わって聴くこと。

　イ　曲想及びその変化と,音楽の構造との関わりについて理解すること。

〔共通事項〕

(1)　「Ａ表現」及び「Ｂ鑑賞」の指導を通して,次の事項を身に付けることができるよう指導する。

　ア　音楽を形づくっている要素を聴き取り,それらの働きが生み出

すよさや面白さ，美しさを感じ取りながら，聴き取ったことと感じ
取ったこととの関わりについて考えること。

イ　音楽を形づくっている要素及びそれらに関わる音符，休符，記
号や用語について，音楽における働きと関わらせて理解すること。

**3　内容の取扱い**

(1)　歌唱教材は次に示すものを取り扱う。

　　ア　主となる歌唱教材については，各学年ともイの共通教材の中の
　　　3曲を含めて，斉唱及び合唱で歌う曲

　　イ　共通教材

　　〔第5学年〕

　　　「こいのぼり」　（文部省唱歌）

　　　「子もり歌」　　（日本古謡）

　　　「スキーの歌」　（文部省唱歌）林　柳波 作詞　橋本国彦 作曲

　　　「冬げしき」　　（文部省唱歌）

　　〔第6学年〕

　　　「越天楽今様（歌詞は第2節まで）」（日本古謡）慈鎮和尚 作歌

　　　「おぼろ月夜」　（文部省唱歌）高野辰之 作詞　岡野貞一 作曲

　　　「ふるさと」　　（文部省唱歌）高野辰之 作詞　岡野貞一 作曲

　　　「われは海の子（歌詞は第3節まで）」（文部省唱歌）

(2)　主となる器楽教材については，楽器の演奏効果を考慮し，簡単な
重奏や合奏などの曲を取り扱う。

(3)　鑑賞教材は次に示すものを取り扱う。

　　ア　和楽器の音楽を含めた我が国の音楽や諸外国の音楽など文化と
　　　の関わりを捉えやすい音楽，人々に長く親しまれている音楽など，
　　　いろいろな種類の曲

　　イ　音楽を形づくっている要素の働きを感じ取りやすく，聴く喜びを
　　　深めやすい曲

　　ウ　楽器の音や人の声が重なり合う響きを味わうことができる，合

奏，合唱を含めたいろいろな演奏形態による曲

## 第3　指導計画の作成と内容の取扱い

**1**　指導計画の作成に当たっては，次の事項に配慮するものとする。

(1)　題材など内容や時間のまとまりを見通して，その中で育む資質・能力の育成に向けて，児童の主体的・対話的で深い学びの実現を図るようにすること。その際，音楽的な見方・考え方を働かせ，他者と協働しながら，音楽表現を生み出したり音楽を聴いてそのよさなどを見いだしたりするなど，思考，判断し，表現する一連の過程を大切にした学習の充実を図ること。

(2)　第2の各学年の内容の「A表現」の(1)，(2)及び(3)の指導については，ア，イ及びウの各事項を，「B鑑賞」の(1)の指導については，ア及びイの各事項を適切に関連させて指導すること。

(3)　第2の各学年の内容の〔共通事項〕は，表現及び鑑賞の学習において共通に必要となる資質・能力であり，「A表現」及び「B鑑賞」の指導と併せて，十分な指導が行われるよう工夫すること。

(4)　第2の各学年の内容の「A表現」の(1)，(2)及び(3)並びに「B鑑賞」の(1)の指導については，適宜，〔共通事項〕を要として各領域や分野の関連を図るようにすること。

(5)　国歌「君が代」は，いずれの学年においても歌えるよう指導すること。

(6)　低学年においては，第1章総則の第2の4の(1)を踏まえ，他教科等との関連を積極的に図り，指導の効果を高めるようにするとともに，幼稚園教育要領等に示す幼児期の終わりまでに育ってほしい姿との関連を考慮すること。特に，小学校入学当初においては，生活科を中心とした合科的・関連的な指導や，弾力的な時間割の設定を行うなどの工夫をすること。

(7)　障害のある児童などについては，学習活動を行う場合に生じる困難さに応じた指導内容や指導方法の工夫を計画的，組織的に行うこと。

(8) 第1章総則の第1の2の(2)に示す道徳教育の目標に基づき，道徳科などとの関連を考慮しながら，第3章特別の教科道徳の第2に示す内容について，音楽科の特質に応じて適切な指導をすること。

2 第2の内容の取扱いについては，次の事項に配慮するものとする。

(1) 各学年の「A表現」及び「B鑑賞」の指導に当たっては，次のとおり取り扱うこと。

　ア　音楽によって喚起されたイメージや感情，音楽表現に対する思いや意図，音楽を聴いて感じ取ったことや想像したことなどを伝え合い共感するなど，音や音楽及び言葉によるコミュニケーションを図り，音楽科の特質に応じた言語活動を適切に位置付けられるよう指導を工夫すること。

　イ　音楽との一体感を味わい，想像力を働かせて音楽と関わることができるよう，指導のねらいに即して体を動かす活動を取り入れること。

　ウ　児童が様々な感覚を働かせて音楽への理解を深めたり，主体的に学習に取り組んだりすることができるようにするため，コンピュータや教育機器を効果的に活用できるよう指導を工夫すること。

　エ　児童が学校内及び公共施設などの学校外における音楽活動とのつながりを意識できるようにするなど，児童や学校，地域の実態に応じ，生活や社会の中の音や音楽と主体的に関わっていくことができるよう配慮すること。

　オ　表現したり鑑賞したりする多くの曲について，それらを創作した著作者がいることに気付き，学習した曲や自分たちのつくった曲を大切にする態度を養うようにするとともに，それらの著作者の創造性を尊重する意識をもてるようにすること。また，このことが，音楽文化の継承，発展，創造を支えていることについて理解する素地となるよう配慮すること。

(2) 和音の指導に当たっては，合唱や合奏などの活動を通して和音の

もつ表情を感じ取ることができるようにすること。また，長調及び短調の曲においては，I，IV，V及びV$_7$などの和音を中心に指導すること。

(3) 我が国や郷土の音楽の指導に当たっては，そのよさなどを感じ取って表現したり鑑賞したりできるよう，音源や楽譜等の示し方，伴奏の仕方，曲に合った歌い方や楽器の演奏の仕方などの指導方法を工夫すること。

(4) 各学年の「A表現」の(1)の歌唱の指導に当たっては，次のとおり取り扱うこと。

　ア　歌唱教材については，我が国や郷土の音楽に愛着がもてるよう，共通教材のほか，長い間親しまれてきた唱歌，それぞれの地方に伝承されているわらべうたや民謡など日本のうたを含めて取り上げるようにすること。

　イ　相対的な音程感覚を育てるために，適宜，移動ド唱法を用いること。

　ウ　変声以前から自分の声の特徴に関心をもたせるとともに，変声期の児童に対して適切に配慮すること。

(5) 各学年の「A表現」の(2)の楽器については，次のとおり取り扱うこと。

　ア　各学年で取り上げる打楽器は，木琴，鉄琴，和楽器，諸外国に伝わる様々な楽器を含めて，演奏の効果，児童や学校の実態を考慮して選択すること。

　イ　第1学年及び第2学年で取り上げる旋律楽器は，オルガン，鍵盤ハーモニカなどの中から児童や学校の実態を考慮して選択すること。

　ウ　第3学年及び第4学年で取り上げる旋律楽器は，既習の楽器を含めて，リコーダーや鍵盤楽器，和楽器などの中から児童や学校の実態を考慮して選択すること。

　エ　第5学年及び第6学年で取り上げる旋律楽器は，既習の楽器を

含めて，電子楽器，和楽器，諸外国に伝わる楽器などの中から児童や学校の実態を考慮して選択すること。

オ　合奏で扱う楽器については，各声部の役割を生かした演奏ができるよう，楽器の特性を生かして選択すること。

(6)　各学年の「Ａ表現」の(3)の音楽づくりの指導に当たっては，次のとおり取り扱うこと。

ア　音遊びや即興的な表現では，身近なものから多様な音を探したり，リズムや旋律を模倣したりして，音楽づくりのための発想を得ることができるよう指導すること。その際，適切な条件を設定するなど，児童が無理なく音を選択したり組み合わせたりすることができるよう指導を工夫すること。

イ　どのような音楽を，どのようにしてつくるかなどについて，児童の実態に応じて具体的な例を示しながら指導するなど，見通しをもって音楽づくりの活動ができるよう指導を工夫すること。

ウ　つくった音楽については，指導のねらいに即し，必要に応じて作品を記録させること。作品を記録する方法については，図や絵によるもの，五線譜など柔軟に指導すること。

エ　拍のないリズム，我が国の音楽に使われている音階や調性にとらわれない音階などを児童の実態に応じて取り上げるようにすること。

(7)　各学年の「Ｂ鑑賞」の指導に当たっては，言葉などで表す活動を取り入れ，曲想と音楽の構造との関わりについて気付いたり理解したり，曲や演奏の楽しさやよさなどを見いだしたりすることができるよう指導を工夫すること。

(8)　各学年の〔共通事項〕に示す「音楽を形づくっている要素」については，児童の発達の段階や指導のねらいに応じて，次のア及びイから適切に選択したり関連付けたりして指導すること。

ア　音楽を特徴付けている要素

音色，リズム，速度，旋律，強弱，音の重なり，和音の響き，音階，

資料

中学校　総則

中学校　音楽

小学校　音楽

125

　　　　　調，拍，フレーズなど
　　イ　音楽の仕組み
　　　　　反復，呼びかけとこたえ，変化，音楽の縦と横との関係など
(9)　各学年の〔共通事項〕の(1)のイに示す「音符，休符，記号や用語」については，児童の学習状況を考慮して，次に示すものを音楽における働きと関わらせて理解し，活用できるよう取り扱うこと。

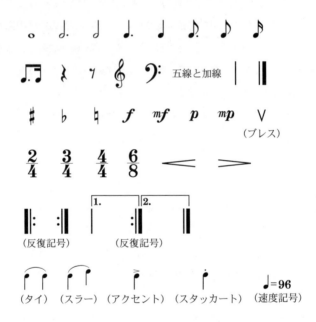

## 編著者

**佐野　靖**　　東京藝術大学音楽学部教授　　　　　【CHAPTER1】


## 執筆者

**小原光一**　　元横浜国立大学教授　　　　　　　　【CHAPTER4】

**勝山幸子**　　東京都港区立六本木中学校主任教諭　【CHAPTER3-1】

**佐藤太一**　　埼玉大学教育学部附属中学校教諭　　【CHAPTER3-1,2】

**杉山利行**　　神奈川県相模原市立藤野中学校総括教諭【CHAPTER3-1】

**橋本　牧**　　宮城県柴田郡村田町立村田第一中学校校長【CHAPTER3-3】

**教育芸術社編集部**　　　　　　　　　　　　　　【CHAPTER2,3- 総論】


（職名は平成 29 年 12 月現在）

中学校・音楽科

# 新学習指導要領
## ガイドブック

2018 年 2 月 1 日　第 1 刷発行

編著者　**佐野　靖**
発行者　**株式会社 教育芸術社**（代表者 市川かおり）
　　　　〒171-0051 東京都豊島区長崎1-12-15
　　　　電　話 03-3957-1175（代表）
　　　　　　　　03-3957-1177（販売部直通）
　　　　http://www.kyogei.co.jp/

表紙イラスト　フカザワテツヤ（TEPPiNG）
　　装　丁　落合あや子（アーク・ビジュアル・ワークス）
本文デザイン　落合あや子，大塚理紗（アーク・ビジュアル・ワークス）
　　印　刷　新日本印刷
　　製　本　ヤマナカ製本

© 2018 by KYOGEI Music Publishers.
本書を無断で複写・複製することは著作権法で禁じられています。

ISBN978-4-87788-802-2 C-3073

※中学校学習指導要領解説は，平成29年12月27日時点の文部科学省ホームページに公開されているものを参照しました。

ISBN978-4-87788-802-2
C3073 ¥1500E

43014
定価（本体1,500円＋消費税）

# 新学習指導要領ガイドブック

小学校・音楽科

佐野 靖 編著

教育芸術社